AI 사운드

AI문고

인공지능 시대입니다. 기계가 인간의 인지를 대신하고, 사물이 인간을 통하지 않고 다른 사물과 직접 커뮤니케이션합니다. 이에 따른 인간 삶과 문명 변화를 정확히 이해·예측·대응하는 것은 이 시대 우리 모두의 과제입니다. AI문고는 인공지능 기술과 환경의 여러 주제를 10가지 키워드로 정리합니다. 관련 개념과 이론, 학계와 산업계의 쟁점, 우리 일상의 변화를 다룹니다. 인간과 기술의 현재, 미래를 세심히 분석합니다.

일러두기

- 인명, 작품명, 저서명, 개념어 등은 한글과 함께 괄호 안에 해당 국가의 원어를 병기했습니다.
- 외래어 표기는 현행 어문규정의 외래어표기법을 따랐습니다.

처음이세요?

전문가세요?

AI 사운드

박남예

대한민국, 서울, 커뮤니케이션북스, 2026

AI 사운드

지은이 박남예
펴낸이 박영률

초판 1쇄 펴낸날 2026년 1월 30일

커뮤니케이션북스(주)
출판 등록 2007년 8월 17일 제313-2007-000166호
02880 서울시 성북구 성북로 5-11
전화(02) 7474 001, 팩스(02) 736 5047
commbooks@commbooks.com
www.commbooks.com

ISBN 979-11-430-1665-2 03500

책값은 뒤표지에 표시되어 있습니다.

차례

AI 시대 사운드 환경의 재정의

사운드의 본질

사운드는 늘 우리 곁에 있었다. 대화 속 말소리, 거리에서 들려오는 소음, 음악 한 소절이 내게 주는 위로까지, 소리는 언제나 우리의 감정을 움직이고 삶의 순간을 기억하게 만드는 존재다. 눈을 감아도 우리는 소리로 공간을 짐작하고, 익숙한 음색 하나만으로도 과거의 기억과 감정을 떠올리게 한다. 음악, 음성, 효과음은 언제나 인간의 경험과 서사를 연결하는 다리였으며, 소리를 다룬다는 것은 곧 인간을 이해하는 일과 다르지 않았다.

그러나 지금 우리는 전혀 새로운 전환점에 서 있다. 알고리즘이 질감과 음색, 공간의 깊이를 학습하고 재구성하며, 감정을 지니지 않은 인공지능이 감정을 불러일으키는 소리를 만들어 내고 있다. 이러한 변화는 단순히 기술적 효율성이나 자동화의 문제를 넘어, 우리가 소리를 통해 세계를 경험하는 방식을 다시 질문하게 만든다. 이제 사운드는 인간의 손끝을 벗어나, 데이터와 알고리즘의 언어로 쓰이고 있다. 그 결과 소리는 더 정교하고 광범위하게 발전하고 있지만, 동시에 그 의미와 주체성에 대한 질문을 남긴다. 우리는 왜 AI로 소리를 만들기 시작했는가? 그리고 그 소리는 누구의 경험을 대변하며, 어디를 향하고 있는가.

사운드는 감정의 언어다

사운드는 의도하지 않아도 들려온다. 시각은 눈을 감으면 보이지 않지만, 청각은 늘 열려 있어 우리 마음에 곧바로 다가온다. 소리는 언제나 들을 수 있는 실제이자, 인간의 감각 체계와 정서에 직접적으로 작용하는 언어다. 청각은 태아가 가장 먼저 경험하는 감각이자, 생의 마지막까지 남아 있는 감각으로 알려져 있다. 이는 소리가 인간 존재의 근원적 차원과 긴밀히 연결되어 있음을 보여 준다.

이러한 맥락에서 사운드 생성 기술은 단순히 효율성을 높이는 도구로 머무르지 않는다. 즉, 소리를 정교하게 기록하거나 합성하는 기술적 능력이 아니라, 그것이 인간의 감정과 어떻게 맞닿고 울림을 만들어 내는가다. 좋은 사운드란 기술적 완성도를 넘어, 청취자의 마음을 움직이는 구조를 지닐 때 비로소 의미를 가지기 때문이다.

오늘날 AI 사운드 기술이 마주한 과제도 여기에 있다.

과거의 음향 기술이 '소리를 더 잘 담아내는 방법'을 탐구했다면, 지금의 AI는 '소리를 통해 감정을 어떻게 전달할 것인가'라는, 보다 근본적인 질문에 직면한다. 알고리즘이 아무리 주파수와 진폭을 정밀하게 조작하더라도, 그것이 인간에게 감정적 경험을 주지 못한다면 단순한 데이터 조합에 불과하다. 따라서 지금은 사운드의 정의를 다시 써야 할 시점이다. 인간성과 기술성이 교차하는 지점에서, 우리는 소리의 미래와 그 의미를 새롭게 상상해야 한다.

기술과 감각의 새로운 만남

오랜 시간 국내의 사운드 디자인 현장을 지켜보며, 나는 기술의 변화가 단순히 작업을 돕는 컴퓨터나 장비의 발전을 의미하지 않는다는 것을 깨달았다. 새로운 기술은 우리가 소리를 인식하고 다루는 방식, 즉 무엇을 소리로 표현하며 어떻게 경험하게 할 것인가에 대한 사고의 구조 자체를 바꾸어왔다. 예전에는 장비가 표현을 위한 도구였다면, 이제는 기술이 창작의 방향을 제시하고 개념을 형성하는 주체가 되고 있다.

이러한 변화는 사운드 디자인을 단순한 기술적 제작의 범주에서 벗어나, 감각과 개념이 조화를 이루는 창의적 사유의 영역으로 이끌었다. 특히 한국 게임이나 영화 산업에서의 사운드가 세계적 수준에 도달하기까지, 우리는 서구의 기술을 따라가는 것을 넘어 독자적인 감성과 미학을 구축해 왔다. 그러나 이제는 AI라는 새로운 요인이 등장하면서, 사운드 디자인의 기술적 발전과 더불어 그 미학적 · 철학적 기반까지 다시 성찰해야 하는 시점에 놓여 있다.

AI 사운드 기술을 처음 접했을 때의 충격은 여전히 생생하다. 텍스트 몇 줄만으로 배경 음악과 효과음을 생성하는 모습을 보며, 놀라움과 함께 우려도 들었다. DAW(Digital Audio Workstation)가 아날로그 스튜디오 작업을 빠르게 대체했을 때와 비슷한 변화의 순간이라는 생각이 들었다. 다만 그때와 다른 점이 있다면, AI는 작업 효율성을 높이는 것을 넘어 창작 과정 자체에 개입한다는 것이다.

또한 그동안 국내외 사운드 관련 전문서를 살펴보면서 느낀 점은 기술서의 생명력이 기술 자체의 설명이 아니라, 그 기술이 인간의 창작 행위와 어떻게 만나는가에 달려 있다는 점이었다. AI 사운드 역시 마찬가지다. 알고리즘의 정교함보다 중요한 것은 그것이 창작자의 감성과 어떻게 조화를 이루는가다.

나는 기술을 경계하기보다 그것이 열어주는 가능성에 주목한다. 중요한 것은 기술이 인간을 대체하는 방식이 아니라, 인간의 감각을 더욱 섬세하게 이해하고 감정을 다루는 방향으로 나아가는 일이다. 특히 한국적 정서와 감성을 AI와 결합하는 문제는 우리가 직면한 고유한 과제이기도 하다.

변화를 읽는 새로운 시각

최근 연구들은 AI가 생성한 음향이 인간의 감정 반응과 미적 경험에 실질적인 영향을 미친다는 점을 실증적으로 제시하고 있다(Fišer et al., 2025). 철학적 논의 차원에서는 인간 예술 경험의 본질을 재검토해야 한다는 견해도 제기된다(Haskins, 2025; Bianchi, 2025). 이러한 학술 흐름은 AI 사운드의 감정적 효능뿐 아니라, 예술 윤리와 창작 주체의 개념을 재정의하도록 요구한다.

변화의 속도는 통계로도 확인된다. 한국저작권위원회의 2024년 보고서에 따르면(오승은, 2024), 생성형 인공지능 시장 규모는 약 360억 달러(약 49조 원)에 달하며, 2030년에는 현재의 약 9배 이상 성장할 것으로 예측된다.

음악 생성 분야에서는 수노(Suno) AI, 유디오(Udio),

일레븐랩스(ElevenLabs) 등 글로벌 스타트업이 등장하며, 누구나 텍스트 프롬프트만으로 음악을 제작하고 공유할 수 있는 환경이 빠르게 확산되고 있다. 이는 기술의 발전이 단순한 생산 도구의 확장을 넘어, 창작의 주체와 방식, 그리고 예술의 사회적 구조까지 변화시키고 있음을 시사한다.

진정한 혁신은 기술 자체가 아니라 그 기술을 바라보는 시각의 전환에서 온다. 1980년대 말 MIDI가 등장했을 때 "연주자가 필요 없다"는 우려가 있었지만, 실제로는 전자 음악이라는 새로운 장르를 탄생시켰다. 2000년대 초 프로툴즈(Pro Tools)의 대중화 때도 전문 스튜디오가 종말할 것이라고 예언되었지만, 결과는 음악 제작의 접근성이 확대된 것이었다. AI 사운드 기술을 두고도 '창작자의 종말'과 '무한한 가능성의 시대'라는 극단적 전망이 교차한다. 하지만 중요한 것은 변화의 본질을 정확히 읽어내는 것이다.

이 책은 기술의 완성도보다 감각의 회복에 초점을 둔다. AI를 통해 얼마나 빠르고 쉽게 사운드를 만들 수 있는가를 넘어서, 인간이 소리를 느끼는 방식 자체가 어떻게 변화하고 있는지를 살펴본다. 창작자들이 시간과 자원의 제약에서 벗어나 순수하게 아이디어와 감성에 집중할 수 있게 된 변화야말로 진정한 패러다임의 시작이라고 본다.

이렇듯 이 시대의 창작자들이 AI를 창작 파트너로 인식하기 시작한 것은 단순한 기술 활용을 넘어선 창작 철학이 발전했다는 것을 뜻한다. 하지만 동시에 사운드가 감정과 기억, 문화적 맥락을 담는 그릇이라는 본질 또한 변하지 않는다. AI가 아무리 정교한 사운드를 생성해도, 그것이 사람의 마음을 움직이려면 창작자의 깊은 성찰과 선택이 개입되어야 한다.

따라서 우리가 던져야 할 진짜 질문은 "AI가 언제 인간을 대체할 것인가?"가 아니라 "AI는 사운드 창작을 어떻게 변화시키고 있는가?"다. 이 책은 바로 그 질문에 답하고자 한다.

아이템 선정기준-이 책이 다루는 것들

이 책은 AI 사운드 기술의 현재와 미래를 실용적 시각에서 조망하는 연구서다. 영화와 미디어 사운드 디자인에서 사운드는 음악, 효과음, 대사(음성)의 세 가지 축으로 구성된다. 데이비드 소넨샤인은 《Sound Design: The Expressive Power of Music, Voice and Sound Effects in Cinema》에서 이 세 요소가 각기 다른 감각적 · 서사적 기능을 지니며, 효과적으로 결합될 때 청각적 경험이 최대한으로 확장된다고 하였다(Sonnenschein, 2001). 이 책 역시 AI 사운드 기술을 논할 때 이러한 관점을 견지하며 대사, 효과음, 음악이 어떻게 인공지능과 결합되고 창작 현장에서 구현되는지를 다각적으로 탐색한다.

또한 감성 기반 사운드 생성 모델, 공간형 오디오, 바이노럴 사운드, 감정 알고리즘 등 최근 주목받는 기술들을 체계적으로 다루면서, 그 기술이 단지 이론적 개념이 아니라 실제 창작 현장에서 어떻게 구현되고 있는지를 면밀하게 살핀다. 나아가 AI 사운드 기술을 다루는 데 그치지 않고, 예술가와 기술자, 그리고 사용자 사이에서 새롭게 형성되는 청각적 관계의 변화를 함께 탐색한다.

이러한 접근은 저자의 오랜 현장 경험에서 비롯되었다. 저자가 꾸준히 탐구해 온 사운드 디자인의 제작 과정과 영화 속 가상 악기 활용 사례, 음악과 사운드의 연결점에 대한 연구에서 비롯되었다. 특히 AI 사운드의 감정 표현 메커니즘과 VR 공간의 청각 경험에 관한 선행 연구는, 이 책의 출발점이 되었다(박남예, 2023; 2025). 이 책은 이러한 탐색을 토대로 AI 기술과 감성 알고리즘이 결합한 사운드 디자인의 새로운 지평을 본격적으로 확장하고자 한다.

나아가 AI를 활용한 창작자들이 마주하는 열 가지 주요 과제—사운드 디자인의 진화, 감정형 모델링, 생성형 효과음과 공간 사운드, 인터랙티브 오디오, 사운드 브랜딩, 윤리와 예술성, 그리고 포스트-AI 시대의 창작 전략—를 중심으로, 데이터의 감정적 해석, 저작권과 알고리즘의 편향성, 인간-기계 협업의 경계 등을 다각도로 탐구하며, 창작 현장에서 필요한 실무적 통찰과 대응 전략을 함께 담았다. 각 장은 이론적 배경과 실무 사례를 병행하여, 독자가 현장에 적용할 수 있는 방법론을 제시한다.

또한 국내 창작 환경의 특수성을 고려해, 한국적 정서와 감성을 AI 기술과 어떻게 융합할 것인가, 세대별 AI 수용 태도의 차이를 어떻게 해석할 것인가, 글로벌 트렌드와 로컬 창작 문화의 균형을 어떻게 유지할 것인가 등 현실적인 질문을 중심으로 논의를 전개한다. 이 과정에서 사운드 디자인과 음악, 기술과 예술의 경계가 점차 흐려지는 오늘의 현상을 새로운 창작의 가능성으로 바라본다.

결국 이 책은 AI 사운드 기술을 '창작을 위한 도구'가 아니라 '새로운 감각적 언어로서의 사운드'로 이해하려는 시도다. 독자들은 이 책을 통해 기술의 원리와 한계를 명확히 인식하고, 자신의 예술적 영역에서 AI를 어떻게 활용할 수 있을지에 대한 아이디어를 얻게 될 것이다. 동시에 이 책을 읽는 시간은 기술을 넘어, 미적 판단과 창작 철학의 본질을 다시 생각해 보는 시간이 될 것이다.

이 책의 구성

이 책은 현재 음악 중심으로 진행되고 있는 AI 연구를, 사운드 전반으로 확장하여 탐구한다. 즉, 음악뿐 아니라 음성, 효과음, 환경음 등 일상의 청각적 풍경을 구성하는 모든 소리에 주목하며, 인간의 감정과 공간, 그리고 기술이 교차하는 지점을 살펴본다. 이러한 접근은 사운드가 이제 더 이상 예술의 부속 요소가 아니라, 게임, 영화, 광고, 인터랙티브 미디어, 사운드 스케이프 등 현실과 가상을 잇는 핵심적 매개로 자리 잡았기 때문이다.

이러한 변화의 흐름 속에서, 이 책은 사운드 생성 기술의 현재를 분석하고 그 너머의 가능성을 성찰한다. 사운드 생성 연구의 이론적 기반을 참고하되, 감정 표현의 메커니즘에 주목하여 기술과 감성의 접점을 함께 다룬다. 학술 논문, 기술 보고서, 산업 현장 사례를 폭넓게 참조하여 균형 잡힌 시각을 유지하고자 했다.

무엇보다 이 책은 인공지능을 둘러싼 과도한 기대나 공포에서 벗어나, '지금 가능한 것'과 '앞으로 도전해야 할 것'을 구체적으로 구분한다. 즉, 기술의 진보가 예술의 자율성을 침식할 것이라는 비관론이나, 인간의 창의성을 완전히 대체할 것이라는 낙관론 모두를 경계하며, 현실적인 관찰과 비판적 분석을 통해 AI 사운드의 진정한 의미와 방향성을 제시하고자 한다.

결국 이 책은 '기술이 만든 소리'가 아니라 '기술과 함께 진화하는 청각적 경험'에 대한 것이다. 사운드의 미래를 단순히 예측하는 데 그치지 않고, 인간의 감각이 어떻게 변화하고 확장될 수 있는지를 보여 주는 하나의 시도이기도 하다. 기술이 발전할수록 인간의 감각 또한 변화한다. 이 책이 사운드 AI 시대의 청각적 가능성을 사유하는 출발점이 되기를 바란다.

참고문헌

박남예(2023). "VR(가상현실)공간의 사운드 디자인 발전방향 탐색 연구". 한국감성과학회 춘계학술대회.

박남예(2025). "AI 사운드 생성 기술의 감정 기반 모델 분석과 사운드 디자인 응용연구". 한국감성과학회 춘계학술발표대회.

오승은(2024). "생성형 AI 음악 시장 현황". 한국저작권위원회 저작권 산업기술 동향.

Bianchi, I. et al.(2025). Creativity and aesthetic evaluation of AI-generated artworks: Bridging problems and methods from psychology to AI. *Frontiers in Psychology, 16*, 1648480.

https://doi.org/10.3389/fpsyg.2025.1648480

Fišer, N. et al.(2025). Emotional impact of AI-generated vs. human-composed music in audiovisual media: A biometric and self-report study. *PLOS ONE, 20*(6), e0326498.

Haskins, C.(2025). Is AI a threat to human music? (a neo-Deweyan perspective). *The Journal of Aesthetics and Art Criticism, 83*(3), pp.238~253. https://doi.org/10.1093/jaac/kpaf024

Sonnenschein, D.(2001). *Sound Design: The Expressive Power of Music, Voice and Sound Effects in Cinema.* Michael Wiese Productions. 이석민 옮김(2014). 《사운드 디자인》. 커뮤니케이션북스.

01
AI 기술이 이끄는 사운드의 변화

AI 사운드는 인간의 목소리, 음악, 환경음 등 다양한 소리를 분석 · 생성 · 변형하는 인공지능 기술을 말한다. 딥러닝 기반 신경망이 방대한 오디오 데이터를 학습해 소리를 이해하고 새로운 음향을 만들어 내거나 개선한다. 이러한 기술의 발전은 사운드 디자인의 패러다임을 바꾸며, 창작 과정 속 기술의 역할을 근본적으로 변화시켰다.

기후 위기와 인공지능?

아날로그에서 알고리즘으로

초기의 음향 녹음 및 편집은 주로 아날로그 방식에 의존했다. 20세기 중반 이전까지 녹음은 디스크에 직접 사운드를 새기는 원 테이크 방식이 대세였으며, 녹음 실수나 연주 오류가 있을 경우, 별도의 수정이나 편집이 용이하지 않아 곡 전체를 다시 녹음해야 하는 경우가 많았다.

1950년대에 자기 테이프 기술이 스튜디오에 도입되며, 이러한 상황은 일변했다. 아날로그 테이프를 사용하면 녹음된 테이프를 물리적으로 잘라 붙이는 스플라이싱 기법을 통해 서로 다른 녹음테이프를 이어 붙일 수 있었고 이를 통해 하나의 완성된 연주를 만들어 낼 수 있었다. 이 테이프 편집의 등장은 녹음 제작 과정에 혁신을 가져왔으며 비틀즈가 프로듀서 조지 마틴의 주도 아래 스튜디오 편집 기법을 창의적으로 활용한 사례로 알려져 있다(Everett, 1999).

아날로그 테이프 기술은 점차 발전하여 멀티 트랙 녹음과 오버 더빙의 발전으로 이어졌다. 그러나 편집이 거듭될수록 음질이 낮아지거나 노이즈가 누적되는 문제가 있었다. 이러한 한계는 디지털 녹음 기술의 도입으로 극복되기 시작했다.

1980년대 초에 상용화된 디지털 오디오 테이프(DAT)

와 1982년에 도입된 CD 등으로 대표되는 디지털 매체는 잡음과 왜곡 없는 음향으로 새로운 레코딩의 가능성을 제시하였다. 또한 1980년대 후반부터 저렴한 ADC(아날로그-디지털 변환기)를 갖춘 개인용 컴퓨터로 하드 디스크에 직접 녹음하는 기술이 보급되며, 녹음실의 작업 흐름이 아날로그에서 디지털로 빠르게 이동했다. 디지털 신호 처리(DSP) 기술의 등장은 녹음된 자연음과 합성음 사이의 경계를 희미하게 만들었으며, 컴퓨터 메모리 용량이 증가하며 샘플링 합성 또한 가능해져 전자적으로 합성된 소리임에도 현실적 음색처럼 들리는 길이 열렸다.

1990년대로 넘어오며 개인용 컴퓨터의 처리 속도와 저장 용량이 비약적으로 향상되자 본격적으로 디지털 오디오 워크스테이션(DAW) 개념이 탄생하며 스튜디오의 주류로 자리 잡았다(장민호 · 김자현, 2019). DAW를 사용하면 비파괴 편집(non-destructive editing)이 가능하여 정교한 편집과 믹싱 작업이 가능했다.

한편 음향 생성 측면에서도 중요한 패러다임 전환이 일어났다. 컴퓨터를 이용한 소리 합성이 알고리즘화하는 가능성이 열린 것이다. 1957년 벨 연구소의 맥스 매튜스는 '디지털 컴퓨터를 하나의 악기로 볼 수 있다'는 혁신적 비전을 제시하며 컴퓨터를 활용한 다양한 합성 기법을 연구하였고, 1970년대에는 존 차우닝이 주파수 변조(FM) 합성이라는 방법을 발견하여 음색 합성의 효율성을 크게 높였다.

FM 합성은 소리의 한 파형의 주파수를 다른 발진기의 파형으로 변조함으로써 복잡한 배음 구조를 효과적으로 만들어 내는 방식이다. 이것은 1980년대까지 가장 널리 쓰인 합성 기법 중 하나가 되었다. 특히 이에 대한 차우닝의 연구는 야마하사에 의해 상업화되어 1983년 출시된 DX7 신디사이저에 적용되었으며 이는 상업적으로 큰 성공을 거두었다. 학계의 알고리즘이 실제 음악 산업까지 연결되면서 DSP기반 사운드 합성은 음악가와 음향 디자이너들의 중요한 도구가 되었다. 이처럼 디지털 알고리즘을 통해 소리를 직접 설계할 수 있게 된 것은 사운드 제작의 개념에 근본적 변화를 가져왔으며, 과거에는 존재하는 음을 녹음하고 편집하는 것이 주된 작업이었다면, 디지털 시대에는 추상적인 알고리즘과 코드를 통해 원하는 음향을 창조하는 것이 가능해졌다는 것이다. 이러한 맥락에서 21세기에 등장한 인공지능(Artificial Intelligence, AI) 기반 음향 생성은 디지털 시대의 다음 단계로서, 음향 디자인의 패러다임을 다시 한번 변화시키고 있다(박재록, 2019).

소리를 읽어 내다: 이해의 혁명

AI 시대의 사운드 디자인을 이해하려면, 먼저 기계가 소리를 다루는 방식이 어떻게 달라졌는지를 살펴볼 필요가 있다. 과거에는 사람이 직접 규칙을 만들어 "이런 방식으로 소리를 처리하라"고 기계에 지시했다. 하지만 이제는 수많은 소리 데이터를 학습하면서 기계가 스스로 패턴을 찾아내는 시대가 되었다. 이 변화는 단순한 기술적 진보가 아니라, 소리를 바라보는 관점 자체가 전환되었음을 의미한다.

초창기 인공지능은 규칙 기반 시스템이었다. 체스 프로그램처럼 프로그래머가 모든 규칙을 일일이 입력해야 했고, 소리를 다루는 방식도 마찬가지였다. 1990년대부터 2000년대 초반에는 머신러닝이 등장하면서 멜 스펙트로그램이나 MFCC 같은 기법이 널리 쓰였다. 이는 인간 청각의 민감도를 모방해 소리의 중요한 특징을 추출하는 방식이었다. 음성 인식이나 음악 분류에는 유용했지만, 여전히 사람이 미리 정해놓은 틀 안에서만 작동한다는 한계가 있었다.

2010년대 중반, 딥러닝의 등장은 이 모든 것을 바꿔놓

았다. 2015년 얀 르쿤, 요슈아 벤지오, 제프리 힌턴이 네이처에 발표한 논문(LeCun et al., 2015)은 이 전환의 이정표가 되었다. 이제 기계는 소리의 원시 파형 자체를 입력받아, 사람이 일일이 지정해 주지 않아도 스스로 중요한 특징을 찾아낼 수 있게 되었다.

이 과정에서 세 가지 핵심 기술이 등장했다. 첫째, 합성곱 신경망(CNN)은 원래 이미지 인식용이었지만, 소리에서도 주파수와 시간의 패턴을 자동으로 감지할 수 있게 했다. 소리의 파형을 짧은 구간별로 분석해 음높이 변화나 리듬 패턴 같은 특징을 스스로 찾아내는 것이다(정원석 · 이행우, 2024). 둘째, 순환 신경망(RNN)은 시간의 흐름 속에서 맥락을 기억하며 정보를 처리했다. 마치 대화에서 앞의 말을 기억하며 다음 말을 이해하는 것처럼 작동했다(정지윤, 2022; 홍용준 · 윤성로, 2017). 셋째, 어텐션 메커니즘은 긴 소리의 흐름 속에서도 특별히 중요한 부분에 집중할 수 있게 해 주었다. 5분짜리 곡에서 후반부 절정이 도입부의 주제를 변형한다는 관계를 정확히 포착할 수 있게 된 것이다.

그런데 RNN에는 여전히 한계가 있었다. 긴 시퀀스를 처리할 때 초반 정보를 점차 잊어버리는 문제가 발생한 것이다. 음악이 길어질수록, 대화가 이어질수록 처음의 중요한 맥락이 희미해지는 약점이 있었다. 2017년 구글 연구진이 발표한 트랜스포머 모델(Vaswani et al., 2017)은 이를 근본적으로 해결했다. 자기 어텐션이라는 메커니즘으로 입력 전체를 동시에 바라보며 병렬 계산할 수 있게 된 것이다. 마치 오케스트라 지휘자가 모든 악기의 소리를 동시에 듣고 전체 조화를 파악하듯, 트랜스포머는 소리의 모든 순간을 한꺼번에 고려할 수 있게 되었다.

트랜스포머 등장 이후 음성 인식의 정확도는 급격히 향상되었고, 오늘날 구글 어시스턴트, 스포티파이 추천, 게임 속 실시간 대사 생성 등이 모두 이 기술 덕분이다. 트랜스포머는 이제 음향 처리 분야의 사실상 표준이 되었다.

이 모든 변화의 핵심은 기계가 단순히 신호를 처리하는 것을 넘어, 소리의 의미를 이해하기 시작했다는 점이다. 이는 다음 단계, 즉 기계가 소리를 직접 만들어 내는 생성의 시대로 가는 필수적인 토대가 되었다.

소리를 만들어 내다: 생성의 혁명

앞선 혁명이 기계가 '소리를 이해하는 법'을 배우게 한 것이었다면, 2016년 구글 딥마인드의 웨이브넷(WaveNet)은 '소리를 직접 만들어 내는 법'을 가르쳤다는 점에서 또 다른 혁명이었다. 이전까지의 음성 합성은 주로 규칙을 기반으로 한 공식이나, 제한된 방식으로 파형을 재조합하는 보코더(vocoder)에 의존했다. 즉, 사람이 미리 정해둔 규칙에 따라 음성을 조립하거나, 제한된 스펙트럼 정보를 바탕으로 목소리를 재현하는 방식이었다. 이런 방법은 기본적인 전달은 가능했지만 결과물이 딱딱하고 인위적으로 들린다는 한계를 벗어나지 못했다.

그러나 2010년대 중반부터 상황이 급격히 바뀌기 시작했다. 딥러닝 기술이 발전하면서 완전히 새로운 접근이 가능해진 것이다. 웨이브넷은 미리 만들어둔 조각을 이어 붙이는 대신, 소리를 처음부터 끝까지 직접 생성하는 방식을 선보였다. 덕분에 모델은 발음 하나하나를 매끄럽게 이어 붙이는 수준을 넘어, 사람의 억양과 운율, 음악적 흐름까지 재현할 수 있었다.

하지만 이 방식은 시간이 오래 걸린다는 치명적인 단점이 있었다. 1초짜리 소리를 만드는 데 수십 초가 걸렸으니, 실시간 대화가 필요한 서비스에는 적합하지 않았다. 이후 속도를 개선한 여러 후속 모델이 등장하면서 2018년 구글 어시스턴트의 목소리가 자연스러워질 수 있었다.

같은 시기 적대적 생성 신경망, 즉 GAN이라는 기술도 주목받기 시작했다. GAN은 두 개의 신경망이 서로 경쟁하며 학습하는 독특한 방식이다. 하나는 새로운 소리를 생성하고, 다른 하나는 그 소리가 실제와 얼마나 유사한지를 평가한다. 이러한 상호 학습 과정이 반복되면서 생성된 소리는 점차 자연스러운 특성을 갖추게 된다.

음악 생성 분야에서도 혁신이 이어졌다. 2019년 OpenAI가 발표한 뮤즈넷(MuseNet)은 클래식부터 재즈, 팝까지 다양한 장르의 음악을 학습해 새로운 곡을 만들어 냈다. 더 나아가 2020년 공개된 주크박스(Jukebox)는 단순히 멜로디만이 아니라 가수의 목소리까지 흉내 내며 완성도 높은 노래를 생성할 수 있었다.

2021년 이후에는 확산 모델이라는 새로운 접근법이 등장했다. 이는 노이즈에서 출발해 점진적으로 소리를 만들어가는 방식이다. 마치 안개가 걷히듯 서서히 선명한 소리가 드러나는 과정이다. 이미지 생성에서 큰 성공을 거둔 스테이블 디퓨전(Stable Diffusion)의 원리가 오디오 분야에도 적용되기 시작한 것이다. 2023년 공개된 오디오 엘디엠(AudioLDM)은 '빗소리', '고양이 울음소리' 같은 간단한 텍스트 설명만으로도 그럴듯한 효과음을 만들어 냈다.

최근에는 트랜스포머 구조를 활용한 생성 모델도 주목

받고 있다. 2024년 출시된 수노(Suno)와 유디오(Udio)는 텍스트 프롬프트만으로 가사, 멜로디, 편곡이 완성된 노래를 수 분 안에 생성한다. 전문 음악가가 아니어도 머릿속 아이디어를 곧바로 음악으로 만들어 낼 수 있게 된 것이다. 이런 변화가 가능했던 이유는 근본적인 접근 방식이 달라졌기 때문이다. 과거에는 사람이 만든 소리를 복제하거나 변형했다. 하지만 이제는 기계가 소리의 원리 자체를 학습해 완전히 새로운 것을 창조한다.

더 중요한 변화는 기계의 역할이 달라졌다는 점이다. 과거에는 사람이 창작하면 기계가 보조했다. 작곡가가 멜로디를 만들면 컴퓨터가 연주하고, 성우가 대본을 읽으면 기계가 편집했다. 하지만 이제 기계는 단순한 도구를 넘어 창작의 과정을 함께하는 파트너가 되기 시작했다. 이는 앞으로 다룰 사운드 디자이너의 역할 변화, 전문 인력 양성 방식, 산업 현장의 협업 구조 재편과도 긴밀하게 맞물려 있다.

참고문헌

박재록(2019). "음악 제작에 도입된 기술과 인공지능에 관한 역사적 관점에서의 고찰". 《음악이론연구》, 33, 108~143쪽.

장민호·김자현(2019). "음악 분야에서의 기술과 빅데이터". 《한국예술연구》, 25, 29~50쪽.

정원석·이행우(2024). "스펙트로그램을 이용한 CNN 음성인식 모델". 《한국전자통신학회논문지》, 19(4), 685~692쪽.
정지윤(2022). "인공지능을 활용한 AI 예술 창작도구 사례 연구". 《트랜스》, 13, 117~140쪽.
홍용준·윤성로(2017). "순환신경망과 WAVENET의 음성 인식 성능 비교". 《한국정보과학회 한국소프트웨어종합학술대회 논문집》, 694~695쪽.
Everett, W.(1999). *The Beatles as musicians: Revolver through the anthology*. Oxford University Press.
LeCun, Y. et al.(2015). Deep learning. *Nature, 521*(7553), pp.436~444. https://doi.org/10.1038/nature14539
Vaswani, A. et al.(2017). Attention is all you need. *Advances in neural information processing systems, 30*, pp.5998~6008.

02
심리 음향 모델링과 감성 컴퓨팅

감정 기반 사운드 생성의 출발점은 기계가 소리를 인간처럼 이해하도록 만드는 데 있다. 이를 위해 심리 음향의 청각 지각 모델이 기반이 되었으며, 청각 지각을 수치화하고 구조화하려는 이러한 시도는 단순한 음향 분석을 넘어 감정 반응을 예측하고 해석하는 연구로 발전했다. 이로써 사운드 기술은 청각 자극을 넘어 정서적 경험을 구성하는 단계로 나아가고 있다.

노래하는 AI 보컬?

청각 지각과 심리 음향의 기초

인간의 청각 인지는 단순히 귀에 들어온 물리적 파형을 감지하는데 그치지 않는다. 소리 정보는 청각 기관에서 감지된 후, 뇌의 해석 과정을 거치면서 정서적 의미와 주관적 경험까지 확장하는 복합적 절차를 거친다. 이러한 현상을 연구하는 대표 분야가 바로 심리 음향(Psycho-acoustics)이다. 심리 음향은 소리의 물리적 특성과 인간이 실제로 지각하는 청각적 경험 사이의 상관관계를 규명하며, 청각 생리학과 심리학이 결합된 융합 학문으로 정의할 수 있다(Fastl & Zwicker, 2007).

예컨대, 인간은 특정 주파수 대역에 더 민감하게 반응하거나, 소리가 들린 뒤에도 일정 시간동안 청각적 인상이 잔존하며, 두 개 이상의 소리가 겹칠 때는 한 소리가 다른 소리를 가려 지각되지 않는 마스킹 현상을 경험한다. 이러한 특성들은 인간 청각이 단순한 감각이 아니라 복잡한 심리적 · 인지적 과정을 포함하고 있음을 보여준다(Moore, 2012).

20세기 중반 이후 청각 심리학과 음향 공학의 발전, 그리고 디지털 컴퓨터의 등장이 맞물리면서, 인간 청각의 특성을 규명하고 이를 수학적 · 알고리즘적으로 모형화하려는 연구가 본격적으로 학문적 · 산업적 관심을 끌기 시작했다. 즉 새로운 청취 매체가 등장하고, 음향 신호를 수치적으로 처리할 수 있는 기술적 기반이 마련되면서, 인간 청각의 특성을 수학적 · 알고리즘적 방식으로 모형화하려는 필요성이 높아졌다. 결과적으로 이러한 청각 특성은 수학적 공식과 알고리즘을 통해 컴퓨터 모델링으로 재현되었으며, 이를 청각 지각의 컴퓨터 모델링이라 부른다. 대표적인 사례가 바로 바크 스케일(Bark scale)인데, 이는 인간이 실제로 소리를 인지하는 주파수 축을 수학적으로 재현한 모델로, MP3나 AAC와 같은 오디오 압축 기술뿐 아니라 음악 감정 분석과 AI 사운드 모델 설계에서도 핵심적 기반으로 활용되었다.

이러한 연구는 곧 기계가 인간의 감정을 인식하고 반응하는 '감성 컴퓨팅(Affective Computing)'으로 확장되었으며, 이는 심리학적 모델을 바탕으로 컴퓨터가 인간의 감정을 해석하고 표현할 수 있도록 하는 기술 분야로 발전하였다(Picard, 1997). 또한 이것은 음악과 사운드를 통한 감정 인식 및 표현 연구의 중요한 기반이 되었다. 이렇듯 심리 음향적 기초는 단순히 소리를 재현하는 수준을 넘어, 청자가 실제로 어떻게 느끼는지를 반영한 사운드 생성 기술을 구현하는 데 필수적인 토대로 작용했다. 이후 청각 지각의 컴퓨터 모델링 연구는 심리학에서 제안된 감정 차원 모델과 결합되어 연구가 확장되었다.

대표적으로 러셀(Russell, 1980)의 원형 모델(Circumplex model)과 테이어(Thayer, 1989)의 이차원 모델은 음악과 음향의 지각적 특성이 감정의 각성(arousal)과 쾌 · 불쾌(valence) 차원과 어떻게 연결되는지를 설명하는 틀로 활용되었다. 즉 청각 지각의 컴퓨터 모델링이 감정 표현 연구와 만나는 지점에서 이들 이론은 중요한 참조 역할을 하게 된 것이다.

감성 컴퓨팅과 감정 모델의 확장

러셀의 원형 모델과 테이어의 이차원 모델은 감정을 쾌 · 불쾌와 각성이라는 두 축으로 정의하며, 음악이나 소리를 이 좌표 공간에 배치할 수 있음을 보여 주었다. 예를 들어 '기쁨'은 높은 Valence와 높은 Arousal 영역에, '슬픔'은 낮은 Valence와 낮은 Arousal 영역에 위치한다.

감성 컴퓨팅 연구에서는 크게 두 가지 접근이 널리 활용된다. 첫째, 이산 정서 모형(discrete emotion model)으로, 폴 에크만(Ekman, 1992)은 행복 · 슬픔 · 분노 · 두려움 · 놀람 · 혐오 등 전 세계적으로 공통된 6~7개의 기본 감정을 제안하였다. 이후 일부 연구에서는 이를 핵심적인 4가지 감정으로 단순화하기도 했다. 둘째,

차원적 감정 모형(dimensional model)으로는, 위에서 언급한 러셀과 테이어의 모델이 대표적이다. 이들이 감정을 연속적인 좌표로 파악했다면, 플루치크(Plutchik, 1980)의 감정의 원형(Wheel of Emotions)은 이를 확장하여 8가지 기본 감정을 원형으로 배치하고, 감정의 강도(intensity)와 혼합을 통해 보다 다층적인 감정 관계를 제시하였다.

이러한 모델들은 음악과 사운드 연구에서 감정 분류와 생성을 위한 기준으로 활용된다. 예를 들어, 감정 기반 음악 생성 시스템은 '밝고 차분한 음악'이라는 지시를 Valence-Arousal 좌표에서 '높은 긍정-낮은 각성' 지점으로 변환하고, 이에 맞추어 템포나 음계 등의 음악적 특징을 선택하도록 구성된다. 이처럼 감정 좌표는 알고리즘이 음악적 표현을 조율하는 조건이 된다.

2000년대 이후에는 음악 심리학과 감정 연구가 결합되면서 보다 체계적인 분석이 이루어졌다. 특히 유슬린과 라우카(Juslin & Laukka, 2004), 에롤라와 부오스코스키(Eerola & Vuoskoski, 2011) 등의 연구는 템포, 조성, 음색 등 다양한 음악적 요소와 감정 차원 간의 관계를 분석하며, 감정 표현을 정량적으로 다루는 가능성을 크게 넓혔다(박남예, 2025).

이러한 흐름은 2010년대 후반 이후 새로운 전환점을 맞이했다. 전통적인 알고리즘적 접근에서 나아가 머신러닝 기법이 적극적으로 도입되었고, 특히 웨이브넷과 주크박스 같은 딥러닝 기반 모델이 감정 기반 오디오 생성의 정밀도와 표현력을 크게 향상시켰다(Dhariwal et al., 2020). 결국 이러한 연구의 진전은 감성 컴퓨팅을 단순한 이론적 틀에 머물게 하지 않고, 음악과 사운드 생성 기술의 핵심이 되었다.

감성 컴퓨팅 연구의 최신 동향

국내에서도 감정 차원 이론을 응용한 음악 연구가 활발하다. 김태현 · 이주환(2017)은 러셀과 테이어의 이론을 바탕으로 감성 형용사를 활용한 음악 검색 모델을 제시하였다. 이어서 김혜란 · 송은성(2021)은 음악의 구성 요소와 감정 구조 간의 연관성을 실증적으로 분석하며, 주파수, 음량, 음색, 지속 시간, 템포, 조성 등의 음악적 파라미터가 Valence-Arousal 감정 모델과 어떤 방식으로 대응되는지를 체계적으로 제시하였다. 특히 1.6kHz 이상의 고주파는 경각심이나 흥분과 같은 고각성 감정과, 300Hz 이하의 저주파는 슬픔의 감정과 높은 연관성을 보인다는 분석은 물리적 음향 신호와 주관적 감정 인지가 연결될 수 있음을 보여 주는 중요한 근거로 평가된다.

최신 연구에서는 인간의 청각 인지 메커니즘과 감성 구조를 모방하거나 이를 신경망 기반 AI 사운드 생성 시스템에 접목하는 시도가 활발히 이루어지고 있다. 딥러닝, 순환 신경망(RNN), 생성적 적대 신경망(GAN) 등 다양한 알고리즘이 기존 음악의 감정 패턴과 청각적 특징을 학습하여 새로운 음악을 생성한다는 연구 결과가 보고되고 있다. 이러한 경향은 감정 인지 모델이나 음악 심리 연구가 단순히 연구로 그치지 않고 AI 음악 생성 알고리즘의 구조와 설계 원리로 활용되는 변화로 해석할 수 있다.

감성 컴퓨팅과 AI 사운드 생성

감정 모델은 실제 AI 음악 생성 시스템으로 구체화되고 있다. AI가 특정 정서 상태에 맞는 음악이나 사운드를 생성하는 조건으로 활용되며, 인간 청각 경험을 기술적으로 재현하는 토대가 된다. 대표적 사례가 이모션박스(Zheng, K. et al., 2022)로 RNN(Recurrent Neural Network) 기반의 자동 작곡 시스템이다.

EmotionBox는 음높이 분포(Pitch Histogram)로 장조와 단조를 제어하고 Note Density(음표 밀도)로 템포를 조절하여, Russell의 2차원 감정 모델과 대응하는 네 가지 감정—행복, 긴장, 슬픔, 평온—의 음악을 생성한다. 이는 음악 심리학적 특징과 AI 생성 모델이 직접적으로 결합된 사례다.

상업적 시스템으로는 AIVA(Artificial Intelligence Virtual Artist)가 대표적이다. AIVA는 'uplifting', 'intense', 'melancholic'와 같은 감정적 옵션을 제공하여 사용자가 원하는 정서적 톤을 즉각 반영한 음악을 생성한다. 이는 기존의 장르 기반 분류를 넘어, 감정적 경험을 전면에 내세운 서비스 전략이다. 이러한 흐름은 AIVA의 기술적 발전 과정에서도 확인할 수 있으며(정문식, 2022), 감성적 음악 생성 연구의 상업화 사례로 볼 수 있다.

한편, 이 책에서는 음악보다는 음향 효과, 음성, 환경음과 같은 비(非)음악적 사운드에 보다 초점을 두고자 한다. 물론 음악 역시 감정 표현의 중요한 수단이지만, 본문의 논의에서는 그 역할을 부차적으로 언급하는 정도에 그친다. 이는 곧 이어질 효과음과 폴리(Foley) 사운드, 나아가 청취자의 몰입과 감정을 고려하는 사운드 디자인 제작 논의로 자연스럽게 이어질 것이다.

참고문헌

김태현·이주환(2017). "사운드 디자인 작업을 위한 감성기반 음원 검색 모델". 《한국HCI학회 학술대회 발표 논문집》, 984~987쪽.

김혜란·송은성(2021). "음악 구성요소의 감정 구조 분석에 기반 한 시각화 연구". 《한국콘텐츠학회논문지》, 21(6), 104~112쪽.

박남예(2025). "AI 사운드 생성 기술의 감정 기반 모델 분석과 사운드 디자인 응용연구". 한국감성과학회 춘계학술발표대회.

정문식(2022). "4차 산업혁명시대의 음악 콘텐츠 제작 역량 강화에 관한 연구". 세종대학교 대학원 박사학위논문.

Dhariwal, P. et al.(2020). Jukebox: A generative model for music. arXiv preprint arXiv:2005.00341.

Eerola, T. & Vuoskoski, J. K.(2011). A comparison of the discrete and dimensional models of emotion in music. *Psychology of Music, 39*(1), pp.18~49.

Ekman, P.(1992). An argument for basic emotions. *Cognition and Emotion, 6*(3－4), pp.169~200.

Fastl, H. & Zwicker, E.(2007). *Psychoacoustics: Facts and models*. Springer.

Juslin, P. N. & Laukka, P.(2004). Expression, perception, and induction of musical emotions. *Journal of New Music Research, 33*(3), pp.217~238.

Moore, B. C. J.(2012). *An introduction to the psychology of hearing*. Brill.

Picard, R. W.(1997). *Affective computing*. MIT Press.

Plutchik, R.(1980). *Emotion: A psychoevolutionary synthesis*. Harper & Row.

Russell, J. A.(1980). A circumplex model of affect. *Journal of*

Personality and Social Psychology, 39(6), pp.1161~1178.
Thayer, R. E.(1989). *The biopsychology of mood and arousal.* Oxford University Press.
Zheng, K., et al.(2022). EmotionBox: A music-element-driven emotional music generation system based on music psychology. Frontiers in Psychology, 13, 841926.

03
생성형 사운드: 효과음과 폴리

폴리(Foley) 합성은 현실의 소리를 단순히 재현하는 수준을 넘어, 창작의 폭과 활용 범위를 넓히는 방향으로 발전하고 있다. AI 기술의 도입으로 Foley와 Ambience 제작 과정이 자동화될 뿐 아니라, 장면의 맥락, 사용자의 의도, 그리고 음향적 특성을 종합적으로 고려한 정밀한 음향 합성이 가능하다. 이러한 변화는 영화 · 게임 등 영상 콘텐츠에서 사운드 디자인이 단순한 재현을 넘어, 새로운 청각 경험을 창조하는 영역으로 확장되고 있음을 보여 준다.

인공지능과 편향?

전통적 사운드 후반 작업

영화와 같은 시청각 예술에서 소리는 결코 부차적인 요소가 아니다. 사운드는 화면이 담아내지 못하는 감정을 보완하고, 이야기의 리듬과 분위기를 형성하며, 관객의 몰입을 이끌어내는 중요한 장치다. 앞서 소넨사인(Sonnenschein)이 제시한 바와 같이, 사운드 디자인은 단순한 효과음 제작을 넘어 감정적 · 서사적 경험을 형성하는 예술적 차원이다. 영화나 드라마의 후반 작업 현장에서 폴리와 앰비언스(Ambience)는 이러한 관점을 잘 드러내는 대표적 사운드 영역이다.

폴리 사운드는 영화, TV, 게임 등 다양한 미디어의 후반 제작 단계에서 폴리 아티스트가 직접 만들어 내는 효과음을 의미한다. 잭 폴리(Jack Foley)의 이름에서 유래한 이 기법은, 숙련된 아티스트가 다양한 소품을 활용하여 화면 속 동작과 정밀하게 동기화된 소리를 실시간으로 연기하고 녹음하는 방식으로 발전해 왔다. 예컨대, 말발굽 소리를 내기 위해 코코넛 껍질을 두드리거나, 뼈가 부러지는 장면을 표현하기 위해 셀러리를 꺾는 방식이 대표적이다. 이처럼 폴리는 단순한 효과음 제작이 아니라, 스토리와 감정에 맞는 소리를 창조하는 예술적 행위다.

한편, 폴리가 개별 사건을 담당한다면, 앰비언스는 공간 전체의 공기와 분위기를 담아낸다는 점에서 이 둘은 구별된다. 앰비언스는 특정 사건을 직접 묘사하기보다, 장면의 배경과 환경을 이루는 소리들로 전체적인 분위기를 형성한다. 도심의 웅성거림, 숲속의 바람과 새소리, 빗방울 떨어지는 소리 등은 모두 장면의 공간적 맥락을 설명하고, 시청자가 화면 속 세계를 더욱 현실로 받아들이도록 만든다. 이 두 요소가 조화를 이룰 때 시청각적 몰입감은 극대화되며, 관객은 이야기 속 세계를 마치 실제처럼 체험하게 된다.

신경 심리학적 연구들 또한 폴리를 포함한 음향 효과의 중요성을 뒷받침한다. 적절한 효과음이 삽입된 콘텐츠는 무음일 때보다 훨씬 더 강한 생리적·인지적 반응을 유도하며, 청중의 감정 이입과 몰입도를 높인다고 주장하는 것이다. 이는 폴리가 단순한 '소리의 재현'을 넘어, 관객의 감각과 정서를 조율하는 서사적 장치임을 확인시켜 준다.

그러나 이러한 폴리와 앰비언스의 제작은 전통적으로 많은 비용과 시간이 소요되며, 전문 인력과 장비를 필요로 한다. 또한 창작자의 주관적 해석에 따라 일관성이 달라질 수 있다는 한계도 지닌다. 이러한 맥락에서 최근에는 인공지능, 특히 멀티모달 AI 기반 접근이 새로운 대안으로 주목받고 있다.

AI 기반 합성 폴리 연구의 흐름

AI 기반 폴리 합성 연구는 2020년 고스(Ghose)와 프레보스트(Prevost)가 발표한 AutoFoley 시스템을 초기 대표적 사례로 들 수 있다(Ghose & Prevost, 2020). 이 연구는 AI 기반 폴리 사운드 자동 생성 시스템으로, 비디오 영상을 입력하면 장면 속 동작과 맥락에 맞추어 자동으로 효과음을 생성하는 시스템에 대한 것이다.

이 연구진은 발자국, 총소리, 비, 천둥 등 12개 주요 폴리 카테고리로 구성된 AutoFoley 데이터세트(Dataset)를 구축하여, 비디오와 동기화된 효과음을 자동 생성하는 실험을 진행하였다. 그 결과 73%의 참가자(인간)가 생성된 사운드를 원본으로 인식할 정도로 높은 동기화와 품질을 보여 주었으며, 이는 AI가 "자동 폴리 합성"이라는 가능성을 처음 보여 준 사례라 할 수 있다. 그러나 AutoFoley는 제한된 범주의 소리에 국한되고, 창작자의 의도를 반영할 수 있는 정교한 제어 기능은 부족하다는 한계를 지녔다.

이후 2024년 CVPR에서 발표된 MultiFoley 연구는

AutoFoley가 제시한 가능성을 한 단계 도약시킨 사례로 평가된다(Chen et al., 2025). MultiFoley는 단순히 비디오 프레임만을 입력으로 사용하는 AutoFoley와 달리, 비디오(시각 정보) + 텍스트(의미적 설명) + 오디오(참조 음향)라는 멀티모달 입력 방식을 도입하여 창작자의 세밀한 제어를 가능하게 한 것이다.

또한 디퓨전 트랜스포머(Diffusion Transformer)와 고품질 데이터세트(HQ-SFX)를 활용하여 48kHz 전문가급 품질의 사운드를 합성할 수 있으며, positive/negative 프롬프트를 통한 사용자 개입형 제어 기능도 제공하는 것으로 알려졌다. 이를 통해 고양이의 입 모양과 동기화된 사자 포효를 만들거나, 농구공 드리블을 드럼 소리로 전환하는 등 기존 폴리 개념을 넘어서는 창의적 변형까지 지원하게 되었다.

같은 흐름에서 베니타(Benita)와 동료들이 2025년에 발표한 CAFA(Controllable Automatic Foley Artist)는 자동 폴리 합성을 한 단계 더 진전시킨 사례로 평가된다(Benita et al., 2025). 이 모델은 기존 텍스트-투-오디오(Text- to-Audio) 시스템을 확장하여 영상 정보를 함께 반영할 수 있는 구조로 설계되었다. 핵심은 사용자가 텍스트로 원하는 소리를 지정하면 단순히 해당 음향을 합성하는 데 그치지 않고, 영상 속 장면의 움직임과 타이밍에 맞추어 자연스럽게 동기화된 효과음을 생성할 수 있다는 점이었다. 이것은 기술적 성과도 눈에 띈다. 기존 시스템들이 막대한 연산 자원을 요구했던 것과 달리, CAFA는 훨씬 적은 자원으로도 효율적 훈련이 가능했다. 또한 사용자가 입력한 텍스트의 뉘앙스와 영상의 세부 움직임이 함께 반영되면서, 보다 정밀하고 창의적인 소리 합성이 가능해졌다. 44.1kHz 스테레오 고품질 오디오를 생성하는 것은 물론, 창작자의 의도에 따라 실제 장면과는 전혀 다른 사운드를 덧입히는 것도 가능해진 것이다. 대표적 예로, 물컵 속 물이 흔들리는 장면에 '티라노사우루스 렉스 발소리'(공룡 발소리)라는 프롬프트를 입력했을 때, 컵의 진동과 공룡의 발소리가 정확히 맞물려 합성되는 사례가 있었다. 이는 기존 멀티폴리(MultiFoley)가 보여 준 정밀한 동기화 단계에서 더 나아가, 창작자가 상상하는 대로 장면을 변형할 수 있게 해 준 것이다.

이러한 발전은 AI 폴리 기술이 단순한 현실 재현을 넘어 창작의 자유를 확장하는 방향으로 진화하고 있음을 시사한다. 물컵 흔들림에 공룡 발소리를 입히는 사례처럼, 이제 폴리 합성은 사실적 충실성과 실험적 상상력을 동시에 구현할 수 있는 도구가 되고 있다.

영화 현장의 신중함과 대중 확산의 공존

그러나 전통적인 폴리 작업은 여전히 대형 영화 제작의 중요한 축으로 남아 있다. 게리 헤커Gary Hecker)와 제프 그로스(Jeff Gross) 같은 전문 폴리 아티스트들은 최근에도 영화 〈레벨문 (Rebel Moon)〉(2023), 〈베놈: 라스트 댄스(Venom: The Last Dance)〉(2024), 〈무파사: 라이온 킹(Mufasa: The Lion King)〉(2024)과 같은 주요 작품에서 직접 손으로 소리를 제작하고 있으며, 업계 전문가들은 폴리 특유의 미묘하고 특별한 변화가 AI 프로그램으로는 아직 대체하기 어렵다고 지적한다.

따라서 독립 스튜디오 차원에서는 비용 절감을 위해 AI를 부분적으로 채택할 수 있지만, 메이저 스튜디오들은 품질과 감정적 깊이를 이유로 전통적 방식을 고수하는 경향이 크다고 CNBC(2025)의 기사에서는 전한다.

이렇듯, 폴리 작업은 전반적으로 아직 완전히 대체된 사례는 찾기 어려운 편이며, 다만 새로운 기술을 적용하려는 다양한 실험이 진행되고 있는 단계라 할 수 있다. 더불어, 기술적 관점에서 보면 앰비언스 합성은 폴리보다 더 큰 과제를 안고 있다. 폴리가 발걸음이나 문이 닫

히는 소리처럼 사건 중심의 명확한 패턴을 지니는 반면, 앰비언스는 공간의 분위기와 정서를 연속적으로 표현해야 하는 추상적 특성을 지니기 때문이다. 이로 인해 앰비언스의 AI 자동 생성 연구는 폴리에 비해 상당히 더딘 진전을 보이고 있다.

한편, 실제 영화 제작에서 AI 사운드가 활용된 사례는 영화 〈브루탈리스트(The Brutalist)〉(2024)를 들 수 있는데, 우크라이나 기업의 리스피처(Respeecher)의 기술이 도입되었지만, 이는 배우의 헝가리어 발음을 교정하는 특수한 용도에 국한되었다(The Conversation, 2025), 디즈니플러스(Disney+)의 〈만달로리안(The Mandalorian)〉(2019)이나 〈베러맨(Better Man)〉(2025) 작품에서도 AI는 주로 목소리 재현과 합성에 활용되는 수준에 그쳤다. 즉 영화 현장에서는 폴리 합성이 아니라 음성 보정이나 발음 개선과 같은 제한적 활용이 중심인 것이다.

이렇듯 상업 영화 현장에서는 음성 보정을 포함하여 다소 한정된 활용에 머물렀다면, 앞에서 살펴본 바와 같이 학계와 연구 단계에서는 AI 폴리가 꾸준히 성과를 보여 왔다. 또한 의외로 대중의 영역에서 AI 폴리와 오디오 자동화 기술이 확산되고 있다.

스태빌리티(Stability) AI의 스테이블 오디오(Stable

Audio)는 텍스트 입력만으로 효과음과 음악 루프를 생성해 크리에이터들에게 손쉬운 창작 도구를 제공하고 있으며(Stability AI, 2024), 캔바(Canva) 또한 AI 효과음 기능을 통해 비전문가도 직접 필요한 소리를 만들어 낼 수 있게 했다. 소니는 자사 솔루션에 AI 오디오 기능을 통합했고, 엔비디아(NVIDIA)의 Audio2Face는 영상 속 얼굴 움직임에 맞춰 음성을 자동 싱크시키는 기술을 선보였다. 어도비(Adobe)의 Project Sound Lift(2023)는 기존 녹음에서 박수 · 웃음 · 대화 등 특정 소리를 자동 분리 · 편집할 수 있어 후반 작업 효율을 높였다.

이처럼 AI 사운드 기술은 영화 현장의 신중한 접근과 대중 영역의 빠른 확산이라는 이중적 양상을 보이고 있다. 이러한 경향은 음악 분야에서 더욱 뚜렷하게 나타나고 있는데, AI 음악 생성 기술은 사운드 효과보다 훨씬 폭넓은 창작적 가능성과 산업적 파급력을 보여 주고 있다.

참고문헌

Adobe(2023). Adobe previews new AI-powered audio tool to revolutionize voice processing and video creation. https://blog.adobe.com/en/publish/2023/11/15/adobe-previews-new-ai-powered-audio-tool-revolutionize-voice-processing-video-creation

Benita, R. et al.(2025). CAFA: a Controllable Automatic Foley Artist. arXiv preprint arXiv:2504.06778.

Canva. AI sound effect generator: Create custom SFX with AI. https://www.canva.com/features/ai-sound-effect-generator/

Chen, Z. et al.(2025). Video-guided Foley sound generation with multimodal controls. *Proceedings of the IEEE/CVF Conference on Computer Vision and Pattern Recognition (CVPR 2024)*, pp.18770~18781.

CNBC(2025.3.29). This old-school filmmaking technique is still kicking even as AI takes on a bigger role in movies. https://www.cnbc.com/2025/03/29/foley-artists-movies-hollywood.html

Ghose, S. & Prevost, J. J.(2020). AutoFoley: Artificial synthesis of synchronized sound tracks for silent videos with deep learning. arXiv preprint arXiv:2002.10981.

Stability AI(2024). Stable Audio 2.0 release note. https://stability.ai/news/stable-audio-2-0

The Conversation(2025.1.23). AI voice technology used in The Brutalist is nothing new – the backlash is about transparency. https://theconversation.com/ai-voice-technology-used-in-the-brutalist-is-nothing-new-the-backlash-is-about-transparency-248128

The FPS Review(2021.11.9). NVIDIA Omniverse Audio2Face is a software tool for syncing audio to video animations. https://www.thefpsreview.com/2021/11/09/nvidia-omniverse-audio2face-is-a-software-tool-for-syncing-audio-to-video-animations/

04
AI 음악 작곡과 편곡

AI 기술의 발전과 다양한 음악 플랫폼의 보급으로 누구나 손쉽게 음악을 제작할 수 있게 되었고, 영화 · 방송 · 게임 현장에서도 새로운 시도가 이어지고 있다. 최근 AI 음악은 과장된 기대와 회의적 사건이 공존하지만, 실제 현장에서는 인간 작곡가와의 협업을 보완하는 방향으로 발전 중이다. 이제 음악 생성 AI는 단순한 자동화가 아닌, 알고리즘과 인간 창의성이 함께 작동하는 복합적 영역으로 자리 잡고 있다.

청각장애인과 AI?

인간 창의성의 확장

사운드 가운데서도 음악은 가장 직접적으로 감정을 표현하고, 인간의 마음을 움직여온 강렬한 예술적 수단이다. 그렇기에 AI 시대에 음악 작곡과 편곡이 어떻게 변화하고 있는가를 살펴보는 일은, 사운드 예술 전반의 패러다임 전환을 가늠해 보는 주요한 지표가 된다.

인공지능을 활용한 음악 생성은 지난 몇 년간 급격히 발전하며, 음악 산업과 영화·미디어 제작 환경에서 중요한 논의의 대상이 되고 있다(박휴용, 2024). 초기에는 'AI가 인간을 대체할 것인가'라는 과장된 담론이 주목받았으나, 실제 현장과 학술 연구의 흐름은 보다 현실적이고 다층적이다. 현재 연구자와 창작자들은 AI가 인간을 밀어내기보다는, 아이디어 탐색 , 임시 음악 제작, 편곡 보조와 같은 영역에서 인간 창작자와 협력적 도구로 기능한다는 점에 초점을 맞추고 있다(강지담·이철희, 2023).

사실 음악 생성을 기계적으로 시도하려는 연구는 이미 수십 년 전부터 이어져 왔다. 1950~1960년대에는 간단한 알고리즘 작곡 실험이 있었고, 2000년대 이후에는 마르코프 체인(Markov Chain) 등의 통계적 접근이 있었다. 이후 앞에서 다룬 순환 신경망(RNN)과 같은 연구가 적용되면서 오늘날 AI 음악 연구의 토대가 마련되었다.

그러나 본격적으로 AI 음악이 대중의 주목을 끈 사례는 2016년 Sony CSL의 Flow Machines 프로젝트였다. 이 프로젝트에서 발표된 곡 〈Daddy's Car〉는 비틀즈 스타일을 학습해 생성된 멜로디와 화성에 인간 작곡가가 가사와 편곡을 더한 결과물이었다. 이 곡은 BBC, The Guardian, WIRED 등 주요 언론에 소개되며, AI가 만든 비틀즈풍 노래라는 화제를 불러일으켰고, AI 음악이 학술적 영역을 넘어 산업과 대중 담론의 장으로 본격 진입하는 상징적 전환점으로 평가되었다.

이후 다양한 모델들이 개발되면서 그 흐름은 국제적 대회로도 확장되었다. 예를 들어 2019년 시작된 AI Song Contest는 인간과 AI가 협업해 곡을 제작하고 경연하는 대회로, 인공지능의 예술적 가능성과 한계를 실험하는 장으로 자리매김하고 있다.

국내에서도 이러한 실험은 점차 확산되고 있다. KAIST 연구진이 개발한 AMUSE 시스템은, 텍스트·이미지·오디오를 코드 진행으로 변환하는 멀티모달 작곡 보조 도구로, 창작자 중심의 상호작용 모델을 구현한 사례다(김예원 외, 2025). 아울러 크리에이터와 독립 영화 제작 현장에서는 AI 음악 서비스가 보조적 도구로 활용되며, 점진적인 변화는 현실화되고 있다.

AI 음악 활용의 범주

지난 10여 년간의 흐름은 AI 음악 생성 기술이 단순한 실험적 시도를 넘어 실제 창작 현장 속에서 조금씩 점차적으로 수용되고 있음을 잘 보여 준다. 특히 이러한 활용의 양상은 크게 두 가지 범주로 나누어 이해할 수 있다. 첫째는 상업적 활용의 범주고, 둘째는 창작 실험의 범주다.

상업적 활용의 영역에서 아이바(AIVA), 앰퍼 뮤직(Amper Music), 주크덱(Jukedeck)과 같은 시스템은 게임, 광고, 방송 등 제작 현장에서 저비용·고효율의 임시 음악 혹은 초안 제작 도구 역할을 할 때가 많아졌다. 특히 독립 제작자나 1인 크리에이터 환경에서는 저작권 부담이 없는 배경 음악으로, 음악 활용의 범위가 넓어졌다. 이 사례들은 AI가 인간을 대체하는 주체라기보다 기존의 고비용·고위험 구조를 보완하는 효율적 파트너 역할이 가능함을 보여 준다.

반대로 창작 실험 범주에서는 예술적 탐구가 중심이 된다. AI가 시나리오를 쓴 공상과학(SF) 영화 〈Sunspring〉(2016)은 각본뿐 아니라 음악의 가사 일부까지 AI가 생성하며 "AI가 만든 것도 예술인가?"라는 근본적 질문을 던졌다. 이러한 시도들은 결과물의 완성도를 평가하는 데 그치지 않고, AI가 예술의 창작 주체가 될 수 있는가라는 문제를 정면으로 제기한다. 이렇듯, 창작 실험에서는 인간과 AI의 협업을 통해 기존 음악 언어의 경계를 넘어서는 새로운 표현이 탐구되고 있다.

이 두 축은 서로 배타적이지 않고 상호 보완적이다. 또한 이러한 구분은 기술 발전을 단순히 기능적 차원에서 평가하는 데 그치지 않고, 실제 음악 제작 현장에서 제도적 · 문화적 · 예술적 변화를 분석하는 기준이 된다. 나아가 이는 다음에서 살펴볼 AI 음악 생성 모델의 세 가지 핵심 방식을 이해하는 데 중요한 배경이 된다.

AI 음악 생성의 세 가지 접근과 생성 모델

오늘날 AI 음악 생성은 크게 세 가지 방식으로 구분된다. 첫째, 심볼릭(Symbolic) 기반 모델이다. 이 모델은 음악을 악보 형태, 즉 MIDI 데이터로 다루며 음높이 · 길이 · 강세와 같은 요소를 코드화해 학습한다. 구조적 변형과 논리적 전개에 강점을 지니지만, 실제 악기의 음색이나 감정적 뉘앙스를 충분히 담아내는 데에는 한계가 있다 (Roberts et al., 2018).

둘째, 트랜스포머(Transformer) 기반 모델이다. 이 모델은 음악을 토큰의 연속으로 보고, 긴 맥락을 유지하며 대규모 곡을 생성할 수 있다. 장르 간 스타일 혼합이나 다중 악기 편성을 동시에 다루는 데 유용하지만, 오디오 차원의 섬세한 표현까지 구현하기에는 여전히 부족하다 (Payne, 2019).

셋째, 디퓨전(Diffusion) 기반 모델이다. 이 모델은 음악을 오디오 신호 자체로 다루며, 점진적으로 노이즈를 제거해 음향을 만들어 낸다. 이 방식은 음색, 공간감, 리버브와 같은 세밀한 특성을 표현하는 데 탁월하지만, 막대한 연산 자원을 필요로 하고 긴 구조에서 일관성을 유지하기 어렵다는 과제가 남아 있다(Ho et al., 2020).

이러한 세 가지 접근은 실제 시스템을 통해 구현되고 있으며, 대표적 출발점은 2016년 구글 브레인의 마젠타 (Magenta) 프로젝트였다(Magenta Team, 2016). 오픈소스로 시작된 이 연구는 앞서 언급한 MusicVAE (Roberts et al., 2018)를 통해 멜로디와 리듬을 변주하거나 새로운 패턴을 제안하며, 심볼릭 모델의 창작 가능성을 실질적으로 보여 주었다.

이후 트랜스포머 기반 모델의 성과는 OpenAI가 2019년 발표한 MuseNet으로 구체화되었다(Payne, 2019). MuseNet은 다중 악기와 다양한 장르를 동시에 다룬다.

음악 이론을 주입하지 않고도 화성과 리듬의 논리를 스스로 익혀 자연스러운 전개를 구현해 학계와 업계 모두의 주목을 받았다.

2020년에는 같은 연구진이 오디오 신호 자체를 다루는 Jukebox를 공개했다(Dhariwal et al., 2020). Jukebox는 특정 가수의 목소리와 음악적 스타일을 재현하며 노래까지 합성할 수 있었으나, 높은 연산 비용과 저작권 문제로 인해 실제 산업적 활용은 제한적이었다.

최근에는 디퓨전 기반 모델이 새로운 흐름을 이끌고 있다. 구글 리서치의 MusicLM은 자연어 지시문과 일관된 음악을 고품질로 생성하는 데 성공했으며(Agostinelli et al., 2023), Stability AI의 Stable Audio는 1만 9500시간의 오디오 데이터를 학습해 44.1kHz 스테레오 오디오를 빠른 속도로 생성할 수 있는 효율성을 보여 주었다(Evans et al., 2024). 이는 실제 제작 현장에서 적용이 가능함을 입증한 사례로 볼 수 있다. 이러한 기술 발전은 음원 제작 시스템 전반의 구조적 변화를 촉발하고 있으며, 산업 전체가 새로운 생산 방식에 적응해 가는 과정에 있다(김신우 · 전훈, 2025).

영화에서의 AI 음악

AI 음악의 발전은 영화 제작 현장에서도 새로운 가능성을 열고 있다. 영화 제작에서 음악은 언제나 중요한 요소였지만, 동시에 가장 많은 제약이 따르는 분야이기도 하다. 전통적으로 감독들은 편집 단계에서 '임시 음악(temp track)'을 활용해 분위기를 잡는데, 이 과정은 저작권 문제나 추가 비용으로 이어지는 경우가 많다. 정식으로 음악을 제작할 때는 작곡가의 비용뿐 아니라 오케스트라 녹음까지 거쳐야 하므로 상당한 재정적 부담이 발생하며(Lerner, 2009), 이는 특히 예산이 한정된 독립영화 제작자들에게 큰 장벽이 되어 왔다.

시간적 제약도 문제다. 음악은 수정 과정에 많은 시간이 소요되며, 마감이 임박한 상황에서는 감독이 작곡가의 수정을 기다려야 하는 경우가 많다. 결국 후반 작업 일정에서 음악이 병목 지점으로 작용하는 일이 빈번히 발생한다.

이러한 현실적 문제를 해결하기 위해 최근에는 AI 기반 작곡·편곡 도구들을 활용하고 있다(Deruty et al., 2022). 예를 들어 사운드버스(Soundverse)와 같은 시스템은 장면의 분위기와 속도에 맞는 임시 음악을 즉시 생성해, 감독과 사운드 디자이너가 다양한 시도를 해 볼 수 있도록 돕는다. 사용자는 원하는 분위기를 텍스트로 입력하기만 하면 곡을 바로 얻을 수 있고, 저작권 문제에서도 자유로운 편이다. 실제로 넷플릭스 다큐멘터리나 독립 영화 제작 현장에서는 이러한 시스템이 활용되어, 긴장감을 주는 스코어를 빠르고 유연하게 구현한 사례들이 보고되고 있다.

음악 감독과 사운드 디자이너의 협업

영화 음악은 전통적으로 음악 감독과 사운드 디자이너가 분리된 역할을 수행하며 발전해 왔으나, 21세기 들어 두 영역의 경계는 점차 흐려지고 있다(박남예, 2019). 드니 빌뇌브의 〈Arrival〉에서는 요한 요한손이 전자 음향과 목소리를 결합하는 독특한 음향 세계를 구현했으며, 대런 아로노프스키의 〈Mother!〉에서는 전통적인 음악적 장치 대신, 사운드 디자인을 통해 긴장과 리듬을 형성하였다. 뿐만 아니라 크리스토퍼 놀란의 〈Tenet〉에서는 음악 감독 루트비히 괴란손이 사운드 디자이너 리처드 킹과 협업하여 시간 역행의 개념을 음향 구조 속에 반영했다. 이처럼 음악과 사운드 디자인은 상호 침투하며 영화의 정서와 서사를 공동으로 구축하는 통합적 언어로 발전해 왔다. 사실 이러한 흐름은 이미 그래뉼라 신테시스(Granular synthesis)(Roads, 2001)나 스펙트럼 처리(spectral processing) 같은 기법을 통해 환경음을 단순한 배경음이 아닌 음악적 재료로 변환하려는 시도에서 시작되었다. 여기에 최근 AI가 결합하면서 음악, 효과음, 앰비언스까지 모두 '작곡 가능한 요소'로 다루어질 수 있는 새로운 기반이 마련되고 있다.

전통적인 미키마우징 기법 역시 AI 기반 적응형 스코어링(adaptive audiovisual synchronization)으로 확장되며, 화면의 변화나 인물의 세부 움직임에 실시간으로 반응하는 실험이 이루어지고 있다(Kalinak, 2022).

그러나 이러한 가능성이 실제 창작 현장에서 의미 있는 작업이 되기 위해서는 음악과 사운드 디자인 두 영역을 동시에 이해하는 창작자의 개입이 필수적이다. 음악적 사고와 사운드 디자인적 감각이 결합될 때 AI와의 협업은 더욱 창의적인 사운드를 만들 수 있을 것이기 때문이다. 나아가 이러한 융합적 접근은 다음 장에서 다룰 몰입형 공간 사운드로 이어지며, 소리의 예술적 · 기술적 경계를 더욱 넓혀줄 것이다.

참고문헌

강지담·이철희(2023). "음악 작곡 과정에서 생성형 AI의 예술 창작 주체성 논의 및 활용 방법연구: 인간기술기계 상호매개성에 기반하여". 《한국콘텐츠학회논문지》, 23(12), 58~67쪽.
김신우·전훈(2025). "AI 시대, 음원 제작 시스템의 변화와 산업의 적응 전략". 《대중음악콘텐츠》, 9(1), 119~143쪽.
김예원 외(2025). "Amuse: Human-AI Collaborative Songwriting with Multimodal Inspirations". 《ACM 인간-컴퓨터 상호작용 국제학술대회(CHI 2025) 논문집》.
박남예(2019). "영화 사운드 디자인에서 가상악기 활용 사례연구: 음향효과 제작을 중심으로". 《한국디지털콘텐츠학회논문지》, 20(9), 1737~1744쪽.
박휴용(2024). "생성형 AI의 등장과 음악 창작 환경의 변화(The Advent of Generative AI and the Transformation of the Music Composition Landscape)". 《미래음악교육연구》, 9(1), 83~114쪽.
Agostinelli, A. et al.(2023). MusicLM: Generating music from text. arXiv preprint arXiv:2301.11325. https://arxiv.org/abs/2301.11325
Deruty, E. et al.(2022). On the development and practice of AI technology for contemporary popular music production. *Transactions of the International Society for Music Information Retrieval, 5*(1), pp.35~49. https://transactions.ismir.net/articles/10.5334/tismir.100
Dhariwal, P. et al.(2020). Jukebox: A generative model for music. arXiv preprint arXiv:2005.00341. https://arxiv.org/abs/2005.00341
Evans, Z. et al.(2024). Stable Audio Open. arXiv preprint arXiv:2407.14358. https://arxiv.org/abs/2407.14358
Ho, J. et al.(2020). Denoising diffusion probabilistic models. arXiv preprint arXiv:2006.11239.

https://arxiv.org/abs/2006.11239

Kalinak, K.(1992). *Settling the score: Music and the classical Hollywood film.* University of Wisconsin Press.

Lerner, N.(2009). *Music in the horror film: Listening to fear.* Routledge.

Magenta Team(2016). Welcome to Magenta!. https://magenta.withgoogle.com/blog/2016/06/01/welcome-to-magenta/

Payne, C.(2019). MuseNet. OpenAI. https://openai.com/index/musenet/

Roads, C.(2001). *Microsound.* MIT Press.

Roberts, A. et al.(2018). A hierarchical latent vector model for learning long-term structure in music. *Proceedings of the 35th International Conference on Machine Learning (ICML 2018)*, pp.4364~4373.

05
몰입형 공간 사운드

최근 VR · AR, 실감형 전시, 그리고 돌비 애트모스(Dolby Atmos)와 같은 객체 기반 오디오가 적용된 상영관에서는 '소리로 공간을 조형하는 기술'이 예술적 완성도와 몰입의 중심에 서 있다. AI 기반 앰비소닉스와 공간 오디오 알고리즘은 공간의 깊이와 움직임을 정교하게 구현하며, 사운드는 이제 단순한 배경이 아니라 '경험을 설계하는 예술적 매개'로 자리 잡고 있다.

AI 콘텐츠 크리에이터?

공간 오디오와 몰입형 사운드의 이해

공간 오디오(spatial audio)는 소리가 3차원 공간에서 어떻게 위치하고 움직이는지를 재현하는 기술이다. 전통적인 스테레오가 좌우 구분만 제공했다면, 공간 오디오는 상하좌우는 물론 앞뒤까지 포함한 전 방향의 소리 정보를 다룬다. 이는 인간의 청각이 공간을 인지하는 방식 자체를 이해하고 재현하려는 시도라고 할 수 있다.

공간 오디오를 구현하는 방식은 크게 두 가지로 나뉜다. 채널 기반 오디오(channel-based audio)와 객체 기반 오디오(object-based audio)다. 채널 기반 오디오는 5.1이나 7.1처럼 특정 스피커 채널에 소리를 배정하는 방식이고, 객체 기반 오디오는 각 소리를 독립된 객체로 다루어 3차원 공간상의 위치 정보와 함께 기록하는 방식이다. 최근에는 이 두 방식을 결합한 하이브리드 오디오(hybrid audio)가 주목받고 있으며, 대표적으로 Dolby Atmos나 DTS:X가 이러한 방식을 채택하고 있다(Dolby Laboratories, 2018). 국제적으로는 하이브리드 포맷 오디오로 통용되며(장대영 외, 2016) 업계에서는 이러한 3차원 입체 음향 기술 전반을 몰입형 사운드(Immersive Sound)라는 포괄적 용어로 지칭하기도 한다.

엠비 소닉스와 공간 음장 기술

그렇다면 우리가 일상에서 소리의 방향을 구분할 수 있는 것은 무엇 때문일까? 이는 양쪽 귀에 도달하는 소리의 시간차(ITD, Interaural Time Difference)와 음량차(ILD, Interaural Level Difference), 그리고 머리와 귀의 형태가 만드는 음향적 필터링 효과(HRTF, Head Related Transfer Function) 덕분이다. 공간 오디오 기술은 이러한 청각 메커니즘을 인위적으로 구현하여, 헤드폰이나 스피커를 통해 실제 공간에 있는 듯한 음향 경험을 만드는 것을 목표로 한다.

이러한 공간 오디오 구현 방식 중 하나는 바로 엠비소닉스(Ambisonics)이다. 엠비소닉스는 1970년대 영국의 마이클 게르존(Michael Gerzon)에 의해 개발된 공간 오디오 기술이다. 전통적인 5.1/7.1 서라운드 시스템이 특정 스피커 채널에 소리를 배정하는 방식이라면, 엠비소닉스는 공간의 음장(sound field) 자체를 수학적으로 기록하는 원리를 이용한다.

엠비소닉스 기술의 핵심은 소리를 단순히 크기와 시간 정보로만 기록하는 것이 아니라, 소리가 3차원 공간에서 어느 방향에서 얼마나 강하게 들려오는지까지 수학적으로 저장하는 데 있다(이용주 외, 2019). 이를 위해 구면 조화 함수(spherical harmonics)를 이용하여 소리의 방향성과 공간 특성을 벡터 형태로 표현한다. 가장 기본적인 1차 순서의 엠비소닉스(B-format)는 네 개의 채널－W(전방향성), X(앞뒤 방향), Y(좌우 방향), Z(상하 방향)－로 구성된다. 이 방식은 녹음 당시 포착된 공간감을 어떤 스피커 배열에서든 충실히 재현할 수 있다는 장점이 있어, VR · 영화 · 음악 등 다양한 3D 입체 음향 프로젝트에서 널리 활용된다.

이처럼 엠비소닉스는 공간 오디오를 구현하는 강력한 도구이지만, 최근의 제작 환경은 단순히 소리를 재현하는 것에서 멈추지 않는다. 사용자는 더 몰입적이고 상황에 반응하는 소리를 기대하기 때문이다. 이 지점에서 사운드 디자이너의 역할 또한 달라지고 있다. 과거에는 음원을 선택하고 믹싱을 반복하며 일종의 큐레이터처럼 소리를 정리하는 데 주력했다면, 이제는 어떤 데이터를 바탕으로 어떤 조건에서 소리를 조합하고 변형할지 기획하는 일이 핵심 과제로 떠오른 것이다.

예를 들어 전시나 VR 제작 현장에서는 고정된 음향 시나리오 대신, 동적으로 반응하는 사운드 환경을 설계하는 방식으로 전환되어 가고 있다. DearVR 같은 엠비소닉 플러그인이나 공간 오디오 도구들은 이러한 변화에서, 3차원 공간에서 소리를 직관적으로 배치하고 조절할 수 있게 돕는다.

더욱 구체인 예는, VR 전시 사례를 들 수 있다. AI는 사용자가 특정 오브제 앞에 멈춰 서면 그 오브제를 강조하는 소리를 자동으로 배치하고, 공간 크기나 군중 밀도에 따라 잔향과 배경음을 실시간으로 조절해 낸다. 이런 환경에서 사운드 디자이너는 단순히 소리를 '만드는 사람'에서 벗어나, AI가 어떤 신호를 읽고 어떤 방식으로 소리를 변화시킬지 선택하게 된다.

결국 현대의 사운드 디자이너에는 기술적 도구를 다루는 능력과 함께, 상황에 맞는 직관적 판단을 필요로 한다. 또한 여기에 AI의 자동화를 조율해 내는 감각이 함께 요구된다. 월터 머치(Walter Murch, 2001)가 강조했던 '기술적 숙련과 직관적 판단의 균형'이라는 원칙이, 새로운 AI 환경에서도 여전히 유효함을 보여 주는 대목이다.

채널 기반에서 객체 기반으로

기존 서라운드 시스템의 한계는 고정된 스피커 배치에 의존한다는 점이었다. 5.1 채널로 제작된 콘텐츠는 반드시 그에 맞는 스피커 배열에서만 의도된 효과를 발휘할 수 있었다. 반면 엠비소닉스와 객체 기반 오디오 시스템은 이러한 제약에서 벗어난다. 객체 기반 방식에서는 사운드를 3차원 공간의 '객체'로 다루기 때문이다. 예를 들어 헬리콥터 소리를 '왼쪽 서라운드 채널'에 배치하는 대신, '화면 속 헬리콥터의 실제 위치'에 객체로 배치한다. 이렇게 저장된 공간 정보는 재생 시스템의 스피커 배치에 따라 실시간으로 최적화되어 출력된다.

이러한 실시간 최적화 기술은 VR와 AR 같은 인터랙티브 환경에서 중요하게 활용된다. 특히 스토리텔링 측면에서 변화가 두드러진다. AI 기반 공간 오디오가 단순한 배경음을 넘어 내러티브를 뒷받침하는 요소로 자리 잡기 시작한 것이다. 시스템은 사용자의 시선 방향과 머리 움직임을 실시간으로 분석하여, 그 순간에 적합한 음향을 생성한다.

이러한 몰입형 경험의 핵심은 무엇보다도 시청각의 정확한 일치다. 우리 뇌는 보는 것과 듣는 것이 어긋나는 순간 즉각 위화감을 느끼기 때문이다. AR 앱에서 가상 헬리콥터가 머리 위로 지나간다면 소리 역시 위쪽에서 들려야 하고, VR 영화에서 캐릭터가 왼쪽에서 말한다면 그 목소리도 해당 방향에서 들려야 한다. 시청각이 어긋나면 아무리 뛰어난 영상도 무용지물이 된다.

한편, 2020년 VR 공간 오디오의 새로운 가능성을 제시한 사운드 디자인 사례로는, VR(가상현실) 1인칭 슈팅(FPS) 게임 〈하프라이프: 알릭스(Half-Life: Alyx〉를 들 수 있다. 이 게임은 밸브(Valve)가 개발·배급한 작품으로, 같은 해 The Game Awards에서 'Best VR/AR' 부문을 수상했으며, 동시에 'Best Audio Design' 후보에도 올랐다. 이 게임은 특히 VR 환경에서 오디오 상호작용 시스템을 적용하여, 즉 HUD(Head-Up Display)를 사용하지 않고도, 알릭스의 대사와 공간 음향만으로 탄창의 잔여 수와 같은 필수 정보를 플레이어에게 전달한다는 점이 특이하다. 시각적 인터페이스를 최소화하면서도 필요한 정보를 자연스럽게 제공하여, VR 특유의 몰입감을 살리고 있기 때문이다.

개인화된 공간 오디오와 AI

게임 〈하프라이프: 알릭스〉가 보여 준 몰입적 사운드 경험은 VR 공간 사운드가 단순한 음향 연출을 넘어, 플레이어의 감각을 얼마나 직접적으로 설득할 수 있는가라는 근본적인 물음을 제기했다.

이후 업계의 관심은 자연스러운 몰입을 넘어서, 각 개인이 실제로 듣는 방식에 맞춘 정밀한 공간 음향으로 확장되고 있다. 여기에서 개인화된 공간 오디오(personalized spatial audio)라는 개념이 중요한 화두로 떠오른다. 이 기술의 핵심에는 두부 전달 함수(HRTF: Head-Related Transfer Function)가 있다.

두부 전달 함수란 소리가 한 지점에서 귀에 도달하기까지 머리, 귓바퀴, 어깨 등 신체 구조에 의해 생기는 주파수 응답 변화를 수학적으로 모델링한 함수다. 사람마다 귀의 모양이나 머리 크기, 어깨 폭이 다르기 때문에, 같은 소리라도 청각적으로는 서로 다르게 인지된다. 특히 고주파수 영역에서 이러한 개인차가 크게 드러나는데, 작은 형태적 차이가 소리의 방향성과 공간감 인식에 큰 영향을 미친다.

구교식과 차형태(2011)의 연구는 이러한 사실을 뒷받침한다. 이들은 인간 청각의 방향 인지 특성을 모형화하여 입체 음향의 공간감을 개선하는 방법을 제시했으며, 단순한 신호 처리만으로는 부족하고 실제 인간 청각 메커니즘을 반영해야 한다는 점을 강조했다. 이 연구는 이후 AI 기반 개인화 오디오 기술의 중요한 이론적 기반이 되었다.

AI 기술은 이러한 개인차 문제에 어느 정도 새로운 해법을 제시한다. 예를 들어 동일한 폭발음이라도 어떤 이에게는 묵직한 저음으로, 또 다른 이에게는 선명한 고음으로 들린다. 이러한 차이 때문에 기존의 획일적인 음향 시스템으로는 모든 사용자에게 동일한 몰입감을 제공하기 어려웠다. 그러나 AI는 개인의 귀와 머리 형태를 이미지 스캔이나 음향 측정을 통해 데이터화하고, 이를 기반으로 맞춤형 두부 전달 함수를 자동으로 생성한다. 이렇게 구축된 개인별 프로파일은 헤드폰이나 VR · AR 기기에서 가상 서라운드 음향의 정확도를 크게 향상시킨다. 단순히 '더 잘 들린다'는 수준을 넘어, 실제 공간 속에 있는 듯한 몰입감을 경험하게 하는 것이다.

상용화 사례와 미래 전망

이러한 접근은 최근 상용화 단계로 확산되고 있는 추세다. 엠바디(Embody)의 Immerse Pro Audio는 개인화된 HRTF를 활용해 헤드폰 환경에서도 스테레오, 서라운드, 돌비 애트모스(Dolby Atmos) 프로젝트의 음향 작업과 모니터링을 가능하게 하는 플러그인과 소프트웨어를 제공한다. AI와 머신러닝 기반 워크플로를 통해 영화, 방송, 스트리밍, 게임 제작 현장에서 개인화된 공간 오디오를 구현할 수 있게 되었으며, 이는 개인 창작자들에게도 전문적인 음향 제작 환경을 쉽게 접근하도록 만든다.

애플 비전 프로(Apple Vision Pro)는 공간 컴퓨팅의 새로운 차원을 제시하며 이러한 흐름을 대표한다. 이 기기는 사용자의 신체적 특성을 자동으로 분석해 개인화된 공간 오디오 프로파일을 생성하고, 머리 움직임을 실시간으로 추적하여 3차원 음향을 정밀하게 조정한다.

애플 이머시브 비디오(Apple Immersive Video)는 180도 초고화질 8K 영상과 Spatial Audio를 결합해 현장에 있는 듯한 몰입 경험을 제공한다.

그 외 상업용 서비스에서도 변화가 나타나고 있다. 랜더(LANDR)는 완성된 2채널 음원을 자동으로 돌비 애트모스 형식으로 변환하는 서비스를 제공한다. 평면적인 스테레오 음악을 입체적이고 공간감 있는 형식으로 확장해 주는 것이다. 이 과정은 업믹스(upmix)라고 불리며, 예전에는 엔지니어가 채널을 하나씩 분리해 작업했지만 이제는 AI가 자동으로 처리한다.

국내에서도 공간 음향 제작 분야에서 AI 활용이 본격화되고 있다. 오디오가이는 스테레오 음원을 돌비 애트모스로 변환하는 과정에 AI를 도입해 제작 시간을 단축하는 방식을 상용화했다(홍인석, 2025). BTS, 블랙핑크 등 K-팝 아티스트의 공간 음향 작업을 통해 축적된 데이터를 AI 학습에 활용한 사례로, 전통적으로 숙련된 엔지니어의 수작업에 의존하던 믹스 과정에 자동화 기술을 접목한 것이다. 나아가 이 회사는 단순한 믹싱 단계를 넘어 AI 기반 대량 제작 체계를 구축하고, XR 공연과 버추얼 콘텐츠 등 K-콘텐츠 영역으로 확장을 시도하고 있다.

백스포트의 볼류메트릭 오디오 기술은 60대 이상의 카메라로 캡처한 3D 공간 데이터를 실시간 오디오 엔진과 연동하여, 사용자의 위치와 시점 변화에 따라 소리가 동적으로 반응하는 진정한 공간 음향을 구현한다. 포토그래메트리 기반 3D 오디오-비주얼 라이브 연동 시스템은 소리의 위치, 거리, 방향 정보를 메타데이터로 정밀하게 처리하며, K-팝 AR(Augmented Reality) 팬미팅에서 아티스트 음성의 거리감과 방향성 구현, 디지털 트윈 공간의 잔향 · 반사음 시뮬레이션, 인터랙티브 뮤직 콘텐츠의 다층적 사운드 변형 등을 실제 구현하고 있다(백스포트, 2025).

이러한 기술적 진보는 순수 예술 영역에서도 새로운 가능성을 열고 있다. 앨리샤 키스(Alicia Keys)의 스튜디오 세션이나 노르웨이 피오르드 상공 장면 등이 대표적인 글로벌 사례라면, 국내에서는 스페이스보헤미안이 주관하고 앰버린이 협업 제작한 '쉐도우즈' 전시가 주목할 만하다(앰버린, 2025). 이 전시는 넬 밴드의 음악을 공간 음향과 미디어아트로 재해석하여, 관람객이 음악

속으로 물리적으로 들어가는 듯한 몰입형 사운드 스케이프를 창조했다. 여기서 주목할 점은 AR/AI 오디오의 기술적 구현보다 음악이 공간과 만나 확장되는 감정적 울림, 소리가 시각과 융합되어 만들어 내는 공감각적 경험에 초점을 맞췄다는 것이다.

이처럼 AI 시대의 공간 오디오는 기술적 정밀함과 예술적 감성이 만나는 지점에서 진화하고 있다. 백스포트의 환경 반응형 입체 사운드가 물리적 정확성을 추구한다면, 쉐도우즈 같은 예술 프로젝트는 그 기술을 감정 전달의 매개체로 승화시킨다. 이는 AI 사운드 기술이 단순한 현실 재현을 넘어 인간의 감성을 확장하는 새로운 예술 언어로 발전하고 있음을 보여 주는 중요한 신호다.

그러나 업계 전문가들은 AI를 만능 해법으로 보지 않는다. AI는 반복적이고 시간이 많이 드는 과정을 도와주는 도구일 뿐, 최종적 판단과 창의적 선택은 여전히 인간 엔지니어와 사운드 디자이너의 몫이라는 입장이다. 완성도 높은 결과를 위해서는 숙련된 전문가의 세밀한 조정이 필요하다는 것이다. 전문 스튜디오들도 오래된 영화의 오디오를 복원하거나 Atmos 형식으로 리믹싱할 때 AI 기반 노이즈 제거와 업믹스 알고리즘을 활용해 효율성을 높이고 있다.

앞으로 AI 기술이 점차 정교화되면서 몰입형 오디오는 워크플로 전반에 단계적으로 통합될 것으로 예상된다. 향후 과제는 단순한 자동화를 넘어, 객체 기반 믹싱을 이해하고 창의적 제안을 하는 차세대 AI를 실현하는 데 있다. 이는 AI가 음악 산업에서 효율성뿐 아니라 음향 표현의 새로운 층위를 만들어 내고 있음을 보여 주는 구체적 사례다.

기술의 진화는 소리의 생산 방식뿐 아니라, 우리가 '소리를 이해하고 해석하는 방식' 자체를 바꾸어 놓고 있다. 미셸 시옹(Michel Chion, 1994)은 《Audio-Vision: Sound on Screen》에서 "소리는 단순한 배경이 아니라 내러티브의 핵심 요소"라는 관점을 실제 기술로 구현하는 과정이라고 했다. 결국 미래의 사운드 디자이너는 단순히 소리를 만드는 사람을 넘어, 공간을 설계하고 청취 경험을 디자인하는 창작자로 자리매김하게 될 것이다.

참고문헌

구교식·차형태(2011). "인간의 청각 특성을 이용한 입체음향의 방향감 개선". 《한국음향학회지》, 30(5), 255~264쪽.

앰버린(2025). "NELL Media Art Exhibition 〈SHADOWS〉"[넬(NELL) 미디어아트 전시 '쉐도우즈(SHADOWS)' 공식 전시 보도자료].

http://www.amberin.com/bbs/board.php?bo_table=PORTFOLIO&wr_id=171
스포츠경향(2025.9.25). "밴드 넬(NELL), 첫 미디어아트 전시 '쉐도우즈(SHADOWS)' 성료". https://sports.khan.co.kr/article/202509250006003
이용주 외(2019). "체감형 미디어 서비스를 위한 공간음향 기술 동향". 《ETRI Electronics and Telecommunications Trend》, 34(3), 13~22쪽.
장대영 외(2016). "고현장감 오디오 서비스를 위한 하이브리드 오디오 기술 동향". 《전자통신동향분석》, 31(3), 81~90쪽.
홍인석(2025.10.30). "[스타트UP] 오디오가이 "공간 음향으로 콘텐츠를 더 가치 있게"". 조선비즈. https://biz.chosun.com/industry/business-venture/2025/10/30/UOODOC2P3BEARCSQU5NMCS5DUM/
Chion, M.(1994). *Audio-vision: Sound on screen.* Columbia University Press. 윤경진 옮김(2004). 《오디오비전》. 한나래.
Dolby Laboratories(2018). Dolby Atmos for sound bar applications.
Murch, W.(2001). *In the blink of an eye: A perspective on film editing.* Silman-James Press. 윤영묵 옮김(2002). 《영상편집에 대한 조망》. 예니.
백스포트 홈페이지 https://vaxport.co.kr

06
적응형 인터랙티브 오디오

게임과 인터랙티브 미디어에서 사운드는 더 이상 고정된 음향이 아니라, 사용자와 상호작용하며 변화하는 요소가 되었다. 절차적 사운드와 적응형 오디오는 상황과 행동에 따라 실시간으로 반응하고, 전투나 휴식 같은 맥락에 맞는 음향을 구성한다. XR와 메타버스 환경으로 확장된 이 흐름은 창작자에게 새로운 표현의 장을 열었으며, 사용자의 움직임과 감정까지 반영하는 시스템으로 발전해 사운드 디자인의 패러다임을 바꾸는 기술적 전환점이 되고 있다.

AI와 민주주의?

인터랙티브 오디오의 개념과 역사

앞장에서 다룬 몰입형 오디오가 청취자를 소리의 공간 안에 깊숙이 끌어들이는 데 초점을 두었다면, 이번 장에서는 '사용자와 상호작용하며 변화하는 소리'로 논의를 확장하고자 한다. 이제 소리는 단순히 재현되는 배경이 아니라, 사용자의 움직임과 선택에 따라 실시간으로 변하는 존재가 되었기 때문이다. 이러한 흐름 속에서 등장한 개념이 바로 적응형 인터랙티브 오디오(Adaptive Interactive Audio)다.

본래 인터랙티브 오디오(Interactive Audio)는 사용자의 행동이나 시스템의 상태에 실시간으로 반응하는 오디오 기술로, 게임, XR, 메타버스 등에서 핵심적인 역할을 하고 있다. 예를 들어 플레이어가 전투에 들어가면 긴장감 있는 음악으로 전환되고, 평화로운 구간에서는 차분한 선율로 전환되어 서사적 몰입을 돕는다. 이 기술은 시간이 흐르면서 '적응형 오디오(Adaptive Audio)'로 발전하였다.

적응형 오디오는 단순한 이벤트 반응을 넘어, 사용자의 상태나 환경 데이터를 지속적으로 읽고 음향의 구조 · 강도 · 믹스를 실시간으로 조정한다. 게임이나 메타버스에서는 전투 강도, 시점 변화, 체류 공간 등에 따라 음악 레이어와 효과음이 동적으로 재편성되어, 더욱 자연스럽고 생생한 몰입감을 형성한다.

또한 절차적 사운드(Procedural Sound)는 이러한 인터랙티브 오디오의 또 다른 축을 이룬다. 이는 미리 녹음된 음원을 재생하는 대신, 알고리즘으로 그 순간의 조건에 맞는 소리를 즉석에서 생성하는 방식이다. 예를 들어 캐릭터의 발소리는 이동 속도와 표면 재질(돌, 흙, 금속 등)에 따라 실시간으로 다르게 들린다. 이렇듯 인터랙티브 오디오는 이러한 두 접근법－적응형 오디오와 절차적 사운드－을 통해 정적인 사운드트랙을 넘어 '살아 있는 청각 환경'을 만들어 내며, 청취자가 단순한 관람자가 아닌 '참여자'로서 경험하도록 이끈다.

그러나 이러한 개념의 기술적 토대는 이미 1980~1990년대 전자 음악 연구에서 찾을 수 있다. 맥스엠에스피(Max/MSP)와 씨사운드(Csound) 같은 실시간 합성 도구는 당시 연구자와 예술가들에게 새로운 음향 실험을 가능하게 했으며, 이는 그래뉼러 합성과 마이크로사운드 작곡 기법의 발전으로 이어졌다(Roads, 2001).

이러한 흐름은 디지털 오디오 워크스테이션(DAW)의 발전과 함께 가속화되었다. 센서 기반 인터페이스와 시각적 패치 환경이 사용자 입력과 오디오 출력을 연결하는 방식을 확장시킨 것이다. 21세기에 들어서는 XR와 메타버스 같은 몰입형 환경으로 영역이 넓어지면서, 다양한 인터랙션 기술이 오디오와 결합하며 새로운 가능성을 열고 있다.

특히 동작 인식 기술이 오디오 인터랙션 발전의 출발점이 되었다. 마이크로소프트의 키넥트(Kinect)는 사용자의 손짓과 몸짓을 카메라로 실시간 추적해서, 이 움직임에 맞춰 게임 속 음악이나 효과음이 반응하도록 만들었다. 예를 들어 사용자가 팔을 크게 휘두르면 웅장한 소리가 나고, 조용히 손을 움직이면 은은한 음향이 들린다.

공간 인식 기술도 발전했다. 라이다(LiDAR)라는 기술은 레이저 빛을 쏘아서 주변 공간의 크기와 모양을 정확히 측정한다. 마치 박쥐가 초음파로 주변을 파악하는 것과 비슷한 원리다. 최근에는 아이폰이나 VR 헤드셋에도 이 기술이 들어가서, 넓은 방에서는 울림이 큰 음향을, 좁은 공간에서는 답답하지 않은 음향을 자동으로 조절해 준다.

더 나아가 생체 인식 기술까지 활용되고 있다. 심박수나 뇌파를 측정하는 센서를 통해 사용자가 긴장하면 음악이 차분해지고, 흥미를 잃으면 더 자극적인 소리로 바뀌는 식이다. 심지어 AI 챗봇과의 대화 내용을 분석해서, 슬

픈 이야기를 할 때는 잔잔한 배경음이, 즐거운 대화를 할 때는 경쾌한 음악이 흘러나오는 실험도 진행되고 있다.

이런 기술적 진보와 함께 제작 방식 자체도 변화하고 있다. 기존에는 개발자가 시각적 패치 인터페이스를 사용해 소리 하나하나를 미리 설계하고 연결해야 했다. 하지만 최근에는 AI와 머신러닝이 사용자 상황을 실시간으로 분석해서 적절한 음향을 자동으로 선택하고 조합하는 시스템이 시도되고 있다.

게임·인터랙티브 미디어 사운드

게임 산업은 인터랙티브 오디오와 적응형 사운드 기술이 가장 활발하게 구현된 영역이다. 전통적으로 게임 오디오는 배경 음악과 효과음을 분리해 재생하는 방식이 주류였으나, 최근에는 플레이어의 상황과 행동에 맞춰 동적으로 음악과 사운드가 변화하는 시스템이 표준으로 자리 잡고 있다(Collins, 2008).

국내에서도 이러한 흐름은 뚜렷하게 나타난다. 넥슨은 《V4》, 《메이플스토리》 등 대규모 게임에서 필드 환경에 따라 앰비언스를 변화시키고, 전투 상황에서는 다층적 음악 트랙과 적응형 믹싱을 적용하는 방식을 실험해 왔다. 이를 통해 게임 내 몰입도를 강화하고, 반복적 플

레이에서도 새로운 청각 경험을 제공할 수 있도록 했다

이런 기술이 널리 쓰이게 된 배경에는 게임 엔진과 오디오 전용 소프트웨어의 발전이 있다. 먼저 유니티(Unity)는 3D 공간에서 거리와 방향에 따라 소리가 달리 들리도록 처리하고, 여러 트랙을 한곳에서 다루는 오디오 믹서를 기본으로 갖추고 있다. 여기에 와이즈(Wwise)나 FMOD를 연결하면 장면의 변화에 맞춰 효과음과 음악을 자동으로 바꾸는 등 더 복잡한 사운드 연출이 가능해진다. Unreal Engine은 MetaSounds를 통해 개발자가 노드 기반으로 소리를 실시간 생성 · 조합할 수 있어, 발자국 · 바람 같은 소리를 상황에 맞게 즉시 만들고 수정할 수 있다.

한편, 오디오 전용 소프트웨어들도 게임 사운드 제작에서 핵심적인 역할을 맡고 있다. 오디오키네틱(Audiokinetic)의 Wwise와 Firelight Technologies의 FMOD는 게임에 들어가는 수많은 음향 파일을 효율적으로 관리하고, 게임 상황에 따라 실시간으로 소리를 만들어 낸다. 예를 들어, 플레이어가 문을 열면 문이 열리는 소리가, 비가 내리면 빗방울 소리가 즉시 재생되는 식이다. 이러한 시스템 덕분에 개발자는 복잡한 코드 없이도 자연스럽고 몰입감 있는 사운드를 구현할 수 있다. 두 도구 모두 현재 상업 게임 개발 현장에서 널리 쓰이는 표준 플랫폼으로 자리 잡고 있다. 앞으로도 오디오는 고정된 사운드트랙이 아니라, 알고리즘과 AI를 매개로, 끊임없이 재작곡되는 동적 환경을 만들어 줄 것이다(Deruty et al., 2022).

AI 시대 창작 환경과 플랫폼 전환

과거에는 고가의 장비와 복잡한 절차가 필요했던 입체 음향 제작이 이제는 일반 창작자도 손쉽게 접근할 수 있는 단계에 이르렀다. 전문가뿐 아니라 다양한 창작자들이 활용할 수 있는 환경이 점차 조성되고 있는 것이다. 예를 들어, THX Spatial Creator와 같은 플러그인을 사용하면 고가의 장비 없이도 일반 음악 제작 프로그램에서 입체적인 음향을 구현할 수 있다. 또한 주요 음악 제작 소프트웨어들이 Dolby Atmos를 지원하기 시작하면서, 입체 음향은 더 이상 소수의 전문 스튜디오만의 영역만은 아니다. 실제 현장에서도 서서히 변화가 나타나, Zoom H3-VR 같은 비교적 저렴한 녹음 장비로 자연 다큐멘터리의 현장음을 수집하고 이를 AI 시스템이 공간감 있는 입체 음향으로 재구성하는 사례가 점차 늘어나고 있다.

AI의 도입은 사운드 제작 방식을 근본적으로 전환시키고 있다. 과거에는 소리를 녹음하고 편집하는 데 막대한 시간이 필요했지만, 이제는 실시간 처리와 자동화가 가능해졌다. 이 변화의 중심에는 '객체 기반 오디오'가 있다. 기존 방식이 음악을 하나의 완성된 신호로만 다루었다면, 객체 기반 오디오는 보컬, 악기, 효과음을 각각 독립된 단위로 분리해 청취 환경에 따라 재구성한다.

그렇다면 왜 이것이 중요한가? 같은 음악이라도 이어폰으로 들을 때, 거실 스피커로 들을 때, 공연장에서 들을 때 청각 경험은 전혀 다르게 다가오기 때문이다. AI는 여기서 한 단계 더 나아가, 청취자의 머리 움직임, 시선, 행동 패턴까지 실시간으로 분석하며 음향을 정밀하게 조율한다. 그 결과 청취자는 단순히 음악을 '듣는' 것이 아니라, 실제로 그 공간 안에 들어와 있는 듯한 몰입을 경험한다.

이 기술은 다채널 스피커 환경을 기반으로 작동하며, 작은 거실에서부터 대형 공연장까지 규모에 맞게 확장될 수 있다. 따라서 객체 기반 오디오와 AI의 결합은 단순한 기술적 진보가 아니라, 사운드 경험의 패러다임 자체를 바꾸는 중요한 전환점이라 할 수 있다.

차세대 인터랙션과 감정 기반 메타버스

이러한 기술적 발전은 새로운 차원의 인터랙티브 오디오로 이어지고 있다. 차세대 시스템은 단순히 버튼을 누르거나 움직임에 반응하는 수준을 넘어, 사용자의 감정과 심리 상태까지 실시간으로 파악해 음향에 반영하기 시작했다. 공연 예술, 게임, 미디어, 메타버스 환경 전반에서 관객의 감정적 반응을 분석하고 이를 소리로 표현하는 실험들이 활발해지고 있다(김지원, 2022).

예술 분야에서는 생체 신호를 활용한 감정의 시각화와 청각화가 이루어지고 있다. 한국계 미국인 예술가 리사 박(Lisa Park)은 뇌파 센서(EEG)와 심박수 센서를 사용해 생리적 측정값을 음향 신호와 시각적 형태로 표현하는 작업을 지속해 왔다(Cycling '74, 2015; Lisa Park, n.d.). 대표작 〈Eunoia〉(2013)에서는 뇌파 데이터를 다섯 가지 감정으로 분류하고, 각각의 감정을 오디오 신호(음파)로 변환하여 다섯 개의 수반(水盤) 아래 설치된 스피커로 전달했다. 음파는 물에 진동을 일으켜 실시간 감정 상태를 물결 패턴으로 시각화하는 동시에, 공간 내에서 청각적 사운드로도 경험되도록 설계되었다. 후속작 〈Eunoia II〉(2014)에서는 철학자 스피노자가 제시한 48가지 감정 개념을 확장 적용해 48개의 수반과 스피커를 사용했다. 이러한 작업은 사운드와 감정의 관계를 데이터로 측정하고 다중 감각적으로 변환함으로써, 추상적이던 감각 경험을 구체적이고 검증 가능한 형태로 전환한 사례로 평가된다.

이처럼 생체 신호를 통해 감정을 측정하고 표현하는 시도가 있는 한편, 목소리 자체를 복원하는 AI 기술도 빠르게 발전하고 있다. 현재, AI 음성 복원 기술은 짧은 샘플만으로도 실제와 구분이 어려운 목소리를 생성할 수 있다. 딥러닝 기반 음성 합성과 보이스 클로닝 기술은 감정의 뉘앙스까지 재현하며, 실시간 처리가 가능해졌다. 이 기술이 VR · AR와 결합되면서 가상 공연, 디지털 뮤지엄, 인터랙티브 전시 등에서 몰입형 경험을 제공하고 있다. 고인의 목소리로 시를 낭송하거나 새로운 무대에서 노래하는 경험은, 단순한 오디오 복원을 넘어 감정적 만남 그 자체가 된다(한국콘텐츠진흥원, 2022; YTN, 2020). 이러한 기술은 현재 방송과 전시, 예술 공연에서 활용되고 있으며, 앞으로 교육, 치유, 문화유산 재현 등으로 확장될 것으로 전망된다.

음성 복원이 과거의 소리를 현재로 불러온다면, AI 기반 실시간 인터랙션은 현재의 감정을 즉각적인 예술로 변환한다. 박진영(2021)은 AI 기술을 기반으로 무용, 영상, 사운드가 실시간으로 상호작용하는 융복합 무용 공연을 설계 · 구현한 연구를 통해, 기술이 예술적 표현의 주체로 작동할 수 있음을 보여 주었다. 해당 작품에서는 센서 데이터와 AI 알고리즘이 무용수의 움직임을 인식해 영상과 사운드를 즉시 변환함으로써, 공연자와 관객이 모두 실시간 생성 과정에 참여하는 새로운 형태의 '인터랙티브 퍼포먼스'가 구현되었다. 이는 전통적 공연의 수동적 감상 구조를 넘어, AI가 참여하는 협력적 창작 모델로서의 가능성을 시사한다.

흥미로운 사례로, 김지희 외(2021)는 한국 전통 공연 문화의 '추임새' 개념을 현대적으로 재해석한 시스템을 개발했다. 관객이 실시간으로 남기는 텍스트를 AI 감정 분석 기술로 분석해 정량화된 감정 데이터를 프로젝션 맵핑 공연에 다양한 오브젝트 형태로 개입시키는 방식이다. 전통 공연에서 관객이 추임새를 통해 공연에 직간접적으로 참여하듯, 현대 공연에서는 AI가 관객의 감정 정보를 파티클과 이미지로 변환하여 공연에 실시간으로 반영한다. 관객이 흥미를 보이면 더 역동적인 시각 · 청각 요소가, 조용한 집중을 보이면 은은한 표현이 자동으로 조절되어 공연자와 관객 사이의 상호작용이 새로운 차원으로 확장된다.

이러한 감정 인식 기술은 최근 급격히 발전하고 있다. 딥러닝 기반 텍스트 감정 분석의 정확도가 80%를 넘어서는 등(Bharti et al., 2022) 기술적 성과가 축적되면서, 감정을 추상적 경험이 아닌 측정 가능한 데이터로 다룰 수 있게 되었다. 이는 고객 리뷰 분석, 소셜 미디어 감정 모니터링, 실시간 공연 반응 분석 등 다양한 분야로 응용이 확대되고 있다.

더 나아가 감정 조율 시스템도 개발되고 있다. 이는 로버트 플루치크(Robert Plutchik)의 '감정 수레바퀴 모델'을 기반한 것으로, 사용자에게서 부정적 감정이 감지되면 이를 상쇄할 수 있는 음향을 자동으로 제안하거나 삽입한다(Plutchik, 2001). 예를 들어 스트레스나 불안감이 높아지면 차분한 음색과 리듬으로 조절하고, 지루함이 감지되면 더 자극적인 요소를 추가하는 식이다. 이를 통해 게임이나 공연뿐 아니라 메타버스 플랫폼에서도 감정적 균형을 유지하면서도 풍부한 경험을 제공할 수 있다.

하지만 이런 기술이 일상에서 실제로 활용되기 위해서는 단순히 알고리즘 개선만으로는 부족하다. 하드웨어와 사용자 경험 설계에서도 많은 변화가 필요하다. 360° 음향 방사, 생활 오브제로서의 형태(Form), 물리적 입력 최소화, 프라이버시 제어, 온디바이스와 클라우드의 하이브리드 아키텍처, 아동 · 고령 사용자 보호, 그리고 일관된 소닉 브랜딩까지 고려해야 한다.

특히 감정을 분석한다는 것은 매우 개인적인 정보를 다루는 일이므로 프라이버시 보호가 핵심이다. 사용자가 자신의 감정 데이터가 어떻게 활용되는지 명확히 알 수 있고, 언제든 제어할 수 있는 시스템이어야 한다. 또한 어린이나 고령자처럼 기술에 취약한 사용자층도 안전하게 사용할 수 있도록 구성되어야 한다.

이처럼 기술의 성공은 단순히 얼마나 정교한 소리를 만들어 내는가가 아니라, 사용자가 얼마나 신뢰하고 지속적으로 사용할 수 있는가에 달려 있다. 기술이 인간의 감정까지 다루게 되면서, 기술적 완성도만큼이나 윤리적 고려와 사용자 중심의 설계가 중요해지고 있는 것이다.

참고문헌

김지원(2022). "웹 3.0 시대 음악생태계 활성을 위한 메타버스 비즈니스 연구: 메타버스 음악플랫폼 구축전략을 중심으로". 이화여자대학교 공연예술대학원 석사학위논문.

김지희 외(2021). "인공지능 감정분석 기술을 이용한 관객 참여형 공연에서의 실감형 콘텐츠 생성 방식에 관한 연구". 《방송공학회논문지》, 26(5), 533~542쪽.

박진영(2021). "인공지능(AI) 기술 기반 융복합 인터랙티브 무용공연 콘텐츠 설계 및 구현". 한양대학교 대학원 박사학위논문.

한국콘텐츠진흥원(2022). “기술 뒤 사람의 이야기, 〈얼라이브〉 제작기”. 《방송영상트렌드&인사이트》, 32. https://www.kocca.kr/trend/vol32/sub/s21.html

YTN(2020). “돌아온 故 터틀맨·김현식… 무대 공연도 AI 시대”. https://www.youtube.com/watch?v=aTDfL05AhKs

Bharti, S. K. et al.(2022). Text-based emotion recognition using deep learning approach. *Computational Intelligence and Neuroscience, 2022*, 2645381. https://doi.org/10.1155/2022/2645381

Collins, K.(2008). *Game sound: An introduction to the history, theory, and practice of video game music and sound design.* MIT Press.

Cycling'74(2015.3.1). An interview with Lisa Park. https://cycling74.com/articles/an-interview-with-lisa-park

Deruty, E. et al.(2022). On the development and practice of AI technology for contemporary popular music production. *Transactions of the International Society for Music Information Retrieval, 5*(1), pp.35~49. https://transactions.ismir.net/articles/10.5334/tismir.100

Lisa Park. The Lisa Park Official Website. https://www.thelisapark.com

Plutchik, R.(2001). The nature of emotions. *American Scientist, 89*(4), pp.344~350. https://www.emotionalcompetency.com/papers/plutchiknatureofemotions%202001.pdf

Roads, C.(2001). *Microsound.* MIT Press.

07
사운드 브랜딩과 AI 전략

사운드 기반 UX 설계는 단순히 들리는 소리를 만드는 일을 넘어, 브랜드의 정체성과 철학을 청각적으로 표현하고 사용자의 감정과 행동에 긍정적 경험을 만들어 내는 종합적 기획의 과정이다. 사용자 중심의 관점에서 볼 때, 훌륭한 사운드 디자인은 맥락에 맞게 정보를 전달함과 동시에 정서적 울림을 전해야 한다. 소리는 가장 즉각적이면서도 본능적으로 인간에게 다가오는 감각이며, 공감과 기억을 일으키는 강력한 정서적 매개체이기 때문이다.

AI와 애니메이션?

브랜드 사운드 전략과 정체성 구축

브랜드의 정체성은 시각적 로고나 슬로건을 넘어, 소리를 통해서도 형성된다(한국디자인진흥원, 2014). 사람들은 시각보다 청각적 경험을 통해 브랜드를 더욱 깊이 인식하고 오래 기억하기도 한다. 짧은 사운드 로고, 특정 음향 효과, 반복적으로 들려오는 멜로디는 소비자의 감각 속에 각인되어 브랜드를 떠올리는 촉매가 된다(Jackson, 2003). 예컨대 인텔의 다섯 음으로 구성된 로고 사운드는 단 몇 초 만에 기술 혁신과 신뢰라는 이미지를 각인시키며, 맥도날드의 I'm lovin' it은 경쾌한 리듬을 통해 친숙함과 즐거움을 불러일으킨다. 최근 국내에서는 삼성 갤럭시의 '딩동' 알림음이 대표적인 사운드 브랜딩 사례다. 단순한 두 음표로 이루어져 있지만, 지나치게 날카로우면 스트레스를 주고 지나치게 부드러우면 알림 기능이 약화되기 때문에, 삼성은 다양한 연령과 문화권을 대상으로 반복 실험을 진행해 균형점을 찾았다. 이처럼 사운드는 단순히 곁들여지는 요소가 아니라, 브랜드 경험을 만들어 내는 중요한 언어가 된다.

학계에서는 사운드 브랜딩을 '브랜드 이미지 형성을 위해 소비자의 감성적 반응을 유도하여 브랜드 정체성을 확립하는 전략'으로 정의한다(민동원, 2022; 김희연,

2020). 이어서 그는 사운드 로고를 '브랜드의 가치와 정체성을 다양한 접점에서 전달하는 브랜딩의 형태'로 규정하며, 즉각적 인식과 감정적 반응을 동시에 이끌어내는 기능이라 설명했다. 실제로 소리는 시각적 정보보다 빠르게 뇌에 전달되어 특정 기억과 감정을 환기시키는 강력한 매체로 작용한다(Spence & Zampini, 2006). 따라서 잘 설계된 사운드는 브랜드 경험을 감각적이고 몰입적인 수준으로 끌어올릴 수 있다.

AI 시대에 들어서면서 사운드 브랜딩의 개념에는 더 큰 변화가 왔다. 음성 서비스가 제품 경험에서 중요한 역할을 차지하게 되면서, 음성 브랜딩은 고정된 로고 사운드를 넘어 개인화되고 상황에 반응하는 동적 경험으로 발전되고 있는 것이다.

스마트폰과 AI 스피커에 탑재된 음성 어시스턴트들을 보면 이런 변화가 잘 드러난다. 각 브랜드는 고유한 철학을 음성을 통해 구현하고 있다. 삼성 빅스비(Bixby)는 한국어 특유의 억양과 리듬을 분석해 신뢰할 수 있고 친근한 톤을 만들어 냈다. 구글 어시스턴트는 간결하고 명확한 발음으로 효율성과 정확성을 강조한다. 아마존 알렉사(Alexa)는 따뜻한 톤으로 서비스 지향적인 태도를 전달하고, 애플 시리(Siri)는 세련되고 지적인 특성으로 프리미엄 이미지를 구축한다.

이제 AI 기반 음성 브랜딩은 단순한 기능적 소리가 아니라 브랜드의 가치와 철학을 직접적으로 전달하는 언어가 되었다. 음성이 곧 브랜드 경험이 되는 상황에서 "어떤 목소리로 소비자와 대화할 것인가"는 브랜드 정체성 전략의 핵심 과제로 부상했다.

이런 차별화 전략은 음성뿐 아니라 기기의 피드백음에서도 나타난다(Lindstrom, 2005). 일상생활에서 자주 접하는 스마트 도어록을 예로 들면, 코맥스는 밝은 음색으로 보안의 안정감을 주고, 삼성 SHP 시리즈는 낮고 부드러운 톤으로 고급스러움을 강조한다.

생활 속 확산과 소닉 에코시스템

AI 기반 사운드 브랜딩과 맞춤형 오디오 기술은 자동차, 스마트홈, 게임, 메타버스, 스트리밍 플랫폼 등 다양한 생활 영역으로 확산되고 있다.

가장 활발한 적용 분야는 자동차 산업이다. IT 기업과 스타트업들이 주도하여 운전자의 상태, 도로 조건, 시간대, 음악 선호도 등의 데이터를 분석해 맞춤형 사운드 환경을 제공하는 기술을 연구하고 있다. 현재 일부 프리미엄 차량에서는 교통 상황과 운전 패턴에 따라 배경 음악이나 사운드 테마를 자동으로 조절하는 서비스가 시범적으로 도입되고 있다.

더 진보된 형태로는 생체 신호를 활용한 실시간 음악 추천 시스템 연구를 들 수 있다. 심박수나 스트레스 지수를 측정해서 운전자의 컨디션에 맞는 음악을 즉시 선곡하는 방식이다. 다만 이런 기술은 아직 연구 개발 단계에 있으며, 상용화까지는 시간이 더 필요할 것으로 보인다.

스마트홈 분야에서도 맞춤형 사운드 기술 적용이 시도되고 있다. 삼성 스마트싱스를 비롯한 일부 플랫폼들은 사용자의 생활 패턴과 환경 데이터를 활용한 음향 서비스를 테스트하고 있다. 현재는 조도, 소음, 날씨 등의 센서 정보를 바탕으로 기본적인 사운드 모드 전환이 가능한 수준이다. 예를 들어 밤 시간대에 자동으로 볼륨을 줄이거나, 집에 사람이 들어오면 환영 사운드를 재생하는 정도의 기능이 구현되어 있다.

가족 구성원별 개별 서비스도 아직 초기 단계지만 발전 가능성이 있다. 음성 인식을 통해 사용자를 구분하고 각자의 선호 음악을 재생하는 기능이 일부 제품에서 제공되고 있다. 다만 명상이나 수면 사운드 같은 특화 기능은 대부분 수동 설정에 의존하고 있는 편이다.

게임과 메타버스 분야에서는 포트나이트가 가상 콘서

트에서 플레이어 위치 및 시점에 따른 공간 음향 체험을 제공한 사례가 있고, 로블록스(Roblox)는 AI 음악 데이터 분석, 맞춤형 사운드 및 실시간 생성 기능을 일부 실험했다. 메타(구 페이스북)의 호라이즌 월드(Horizon Worlds) 등 다양한 가상 환경 메타버스 플랫폼에 사용자 상태나 감정 맥락에 반응하는 몰입형 오디오 시스템의 적용이 점차 확대되고 있다.

음악과 오디오 스트리밍 분야에서도 AI 활용을 아주 쉽게 찾아볼 수 있고, 스포티파이(Spotify), 애플뮤직(Apple Music), 유튜브 뮤직(YouTube Music) 등 주요 플랫폼은 맞춤 추천, AI DJ, 자동 플레이리스트 기능을 도입해 사용자의 기록과 활동, 상황을 반영하려는 시도를 이어가고 있다. 특히 스포티파이의 Discover Weekly와 AI DJ, 유튜브 뮤직의 개인화 플레이리스트는 이미 우리 모두에게 익숙하며, 이용자들이 꾸준히 서비스를 찾게 만드는 동시에 새로운 음악을 접할 기회도 넓히고 있다.

하지만 최근 연구에서는 소비자가 AI 음악 추천을 긍정적 감정보다 부정적 감정 상태에서 덜 신뢰하는 경향이 나타났다고 지적한다(구지은, 2022). 이는 개인 맞춤 소닉 에코시스템이 성공하기 위해 단순한 추천 정확도를 넘어서, 인간의 감정적 맥락에 민감하게 반응하는 공감적 설계가 필요함을 보여 준다.

이런 변화와 요구는 일상 공간과 상황에 따라 음악과 사운드가 사용자 개인에게 맞춰지는 '개인 맞춤 소닉 에코시스템'의 기반을 만들고 있다. 완전 자동화된 생체 신호 연동이나 감정 분석 같은 고도화된 기술은 아직 연구 개발 단계지만, 글로벌 기업들과 주요 IT 음악 플랫폼에서는 AI 오디오 개인화 기술을 미래 성장 동력으로 보고 서비스 개발에 투자하고 있다. AI가 기획하고 설계하는 맞춤형 청각 경험은 앞으로 음악과 사운드 산업에 상당한 변화를 가져올 것으로 예상된다.

세대별 맞춤화와 사운드 개성의 확산

AI 사운드 기술의 발전으로 브랜드 음향 전략은 세분화되고 있다. 세대별 · 개인별 특성을 고려한 차별화된 경험이 확산되며, 브랜드들은 더욱 소리로 말하기 시작했다. '배달의민족' 서비스는 위트 있는 AI 음성으로 주문 안내를, '토스' 서비스는 차분한 음성으로 금융 안내를 하고 있다. 네이버 클로바는 한 발 더 나아가 사용자의 연령대와 선호도를 분석해 밝거나 차분한 톤을 선택하고, 감정까지 인식해 실시간으로 반응한다.

더 흥미로운 점은 세대별로 AI 음악에 대한 반응이나 수용 양상이 뚜렷하게 다르다는 것이다. 일부 조사와 산업 보고서에 따르면, 젊은 층은 AI가 생성한 음악이나 맞춤형 음향 서비스에 비교적 긍정적으로 반응하는 반면, 기성세대는 자연스러움과 익숙한 음악 경험을 중시하는 경향이 두드러진다(Ipsos, 2025). 이 차이는 브랜드 전략으로 이어진다. 젊은 층을 겨냥한 서비스들은 'AI가 당신만을 위해 만든 음악'이라는 메시지를 전면에 내세우며, 기성세대 대상 브랜드들은 AI 기술을 뒤로 숨기고 친숙하고 자연스러운 음향 경험을 선사하는 전략을 택한다.

결국 AI 사운드 브랜딩은 이제 모든 소비자에게 동일한 소리를 들려주던 방식을 넘어, 개인에게 맞춘 새로운 경험을 만들어가고 있는 것이다. 개인의 취향, 나이, 감정 상태까지 고려한 맞춤형 청각 경험을 통해 브랜드와 소비자 사이의 감정적 유대를 한층 깊게 만들어가고 있다.

데이터 기반 분석과 새로운 전문가 집단

AI는 감각적 경험이라는 추상적 영역에 머물렀던 사운드를, 데이터로 분석하고 조작할 수 있는 구체적 대상으로 전환시켰다. 삼성전자는 갤럭시 알림음 실험에서 생체 신호를 기반으로 스트레스 지수 변화를 추적했고, 스포티파이는 재생 시간, 스킵률, 심박수 등을 활용해 추천 곡의 만족도를 분석했다. 이처럼 사용자의 실제 반응을 수치화하고 비교할 수 있는 순간, 사운드는 단순히 '좋다, 나쁘다'는 주관적 평가를 넘어 브랜드 자산으로서의 경제적 가치와 투자 대비 효과를 입증할 수 있는 전략적 도구로 자리 잡는다.

이러한 변화는 곧 새로운 전문가군의 등장을 요구한다. 데이터 분석 능력을 갖춘 'AI 음악 큐레이터', 감정-음향 상관관계를 다루는 '감정-음향 매칭 전문가', 그리고 개인화 환경에 맞는 '개인화 사운드 디자이너'와 같은 직군이 그 예다. 이들은 감성과 기술, 데이터와 창작을 연결하며 기존의 사운드 제작자와는 다른 전문성을 발휘한다.

이렇듯 앞으로의 사운드 브랜딩은 감성적 경험과 과학적 측정, 그리고 전통적 브랜드 정체성이 균형을 이루는 지점에서 기업의 핵심 자산으로 자리 잡을 것이다 (Taylor, 2023). 그렇다면 이제 질문이 남는다. 데이터로 측정되고, AI로 최적화되며, ROI로 증명되는 사운드는 과연 여전히 '아름다움'을 품을 수 있을까? 다음 장에서는 기술과 미학이 충돌하고 융합하는 지점을 다룬다.

참고문헌

구지은(2022). "인공지능이 추천한 음악 플레이리스트 선호에 관한 연구: 사용자의 감정을 중심으로". 《한국심리학회지: 소비자·광고》, 23(3), 207~226쪽.

김희연(2020). "광고 음악을 위한 사운드 브랜딩 프로세스 모델 연구: 사운드 브랜딩의 감성적 기법을 중심으로". 《문화와융합》, 42(12), 693~724쪽.

민동원(2022). "사운드 로고에 관한 문헌 고찰 및 변곡점으로 살펴본 사운드 로고와 산업 간 적합성 접근". 《산업연구》, 46(3), 157~192쪽.

한국디자인진흥원(2014). "Sound Innovation: 청각, 새로움을 더하다". 융합형 디자인 전략예측 동향정보 활용기반 조성사업 마이크로 트렌드 리포트 04.

Ipsos(2025). "Ipsos Flair South Korea 2025: 변화와 탐구 —2025년 한국의 새로운 트렌드와 기회". Ipsos Flair South Korea 2025. https://www.ipsos.com/ko-kr/ipsos-flair-south-korea-2025-byeonhwawa-tamgu

Jackson, D. M.(2003). *Sonic branding: An introduction.* Palgrave MacMillan.

Lindstrom, M.(2005). *Brand sense: Build powerful brands through touch, taste, smell, sight, and sound.* Free Press. 최원식 옮김(2006). 《오감 브랜딩》. 랜덤하우스코리아.

Spence, C. & Zampini, M.(2006). Auditory contributions to multisensory product perception. *Acta Acustica united with Acustica, 92*(6), pp.1009~1025.

Taylor, C. R.(2023). Sonic branding as a promotional tool: a concept whose time has come and a call for research. *International Journal of Advertising, 42*(8), pp.1239~1241.

08
AI 사운드의 미학과 예술성

음악은 오랫동안 인간의 감정과 경험이 반영된 창작물로 이해되어 왔다. 그렇다면 인공지능이 만든 합성 사운드도 예술이라 부를 수 있을까? 이 물음은 기술의 완성도를 넘어 예술의 본질을 다시 묻는다. 알고리즘은 소리를 계산적으로 만들어 내지만, 그 결과는 분명히 미학적 의미를 가진다. 반복과 변주, 예측과 우연이 교차하는 그 과정 속에서 우리는 기존 음악의 개념으로 설명하기 어려운 새로운 청각 경험을 마주하게 된다. AI 사운드는 이렇게 예술의 경계를 확장시킨다.

AI와 인재 채용?

AI 사운드의 현상과 미학적 전환

AI 사운드를 논할 때는 기술적 성취와 산업적 응용을 거론하는 것에 머무르기 쉽다. 그러나 음악과 소리라는 매체는 본질적으로 인간의 감각과 감정을 다루는 예술의 영역이다. 따라서 AI가 생성한 사운드를 단순히 효율적 도구나 산업적 결과물로만 이해한다면, 그것이 우리의 문화와 미적 경험에 끼치는 깊은 영향을 간과하게 된다.

오늘날 우리는 이미 AI가 만든 소리 속에서 살고 있다. 스포티파이가 추천하는 플레이리스트, 유튜브에서 자동 생성되는 배경 음악, 게임 속 실시간으로 변화하는 사운드트랙. 이 모든 것들이 알고리즘의 손을 거쳐 만들어진다. 이로 인해 기계가 만든 소리가 우리의 감정, 취향, 심지어 정체성의 일부를 규정하기 시작했다. 이런 상황에서 AI 사운드를 예술적 대상으로 성찰하지 않는다면, 우리는 '무엇을 듣고 있으며, 그것이 우리에게 어떤 의미를 갖는지'에 대한 비판적 이해를 놓치게 된다.

전통적으로 음악은 인간의 감정과 경험이 녹아든 창작물이었다. 작곡가의 의도와 감정, 그리고 연주자의 해석이 만나 하나의 작품이 탄생했다. 그렇다면 AI로 생성된 사운드는 과연 같은 예술적 가치를 가질 수 있을까? 이 질문은 단순히 "AI 음악이 좋으냐 나쁘냐"를 묻는 게 아니고, 음악이란 무엇인지, 예술이란 무엇인지를 근본적으로 다시 생각해 보게 한다.

사실, 인공지능이 예술적 감성과 창의성을 지닐 수 있는가에 대한 논의는 이미 여러 연구에서 제기되어 왔다. 일부 연구는 인공지능이 인간의 감정과 문화를 내재하지 못한 채, 보편적 감정을 바탕으로 음악을 만들어 낼 수는 있지만, 인간 고유의 정서적 맥락과 진정한 예술적 경험을 완전히 대체하기는 쉽지 않다고 지적한다(장재호, 2017). 이 논의는 AI 사운드의 예술성을 기술적 정교함이 아니라 인간적 경험의 층위에서 재해석해야 함을 시사한다. 또한 이러한 문제의식은 오늘날 AI 사운드 디자인이 직면한 핵심 질문과도 맞닿아 있다.

알고리즘은 분명 계산을 통해 소리를 만들어 낸다. 하지만 그 결과물은 단순한 기계음으로 끝나지 않는다. 반복과 변주가 교차하고, 익숙한 패턴과 예상치 못한 전개가 공존한다. 우리는 여기서 기존 음악 개념으로는 설명하기 어려운 새로운 청각 경험을 만난다. AI 사운드는 이렇듯 기술에서 시작했지만 이미 미학의 영역으로 확장되고 있다. 이는 소리 예술의 경계를 다시 그어야 한다는 이야기다.

따라서 AI 사운드를 둘러싼 미학적 논의는 단순한 이

론적 끼워 맞춤이 아니며, 예술과 기술이 만나는 지금 이 순간을 이해하는 데 반드시 필요한 작업이다. 앞으로 우리가 무엇을 예술이라 부를 것인지, 그리고 AI 시대에도 예술이 인간에게 어떤 의미를 지닐 수 있는지, 이 모든 근본적인 질문들이 여기서 시작된다.

전통 미학의 관점에서 본 AI 사운드

AI 사운드를 이해하기 위해서는 먼저 전통 미학의 주요 개념들을 살펴볼 필요가 있다. 오희숙(2025)이 지적했듯, 오늘날 음악 미학의 특성은 혁신적 기술과 전통의 재해석이 상호작용하며 새로운 예술적 감성을 구축한다는 데 있다. 이러한 관점에서 볼 때 AI 사운드는 전통 미학과 단절된 것이 아니라, 그것을 새롭게 해석하고 확장하는 과정으로 이해할 수 있다. 그렇다면 전통 미학은 예술을 어떻게 정의해 왔는가?

임마누엘 칸트는 《판단력 비판》(1790)에서 미적 경험의 핵심을 '이해관계 없는 즐거움'으로 설명했다. 진정한 예술은 어떤 이해타산 없이 순수하게 감각과 직관을 통해 경험되는 것이라고 보았다(김세영, 2013; 박배형, 2017). 이 관점에서 AI 사운드는 흥미로운 지점에 서 있다. AI가 만든 소리가 우리 감정을 자극하고 자유로운 상상을 불러일으킨다면, 그것이 인간이 직접 만든 것이 아니더라도 미적 경험의 장을 열어주는 하나의 예술적 사건으로 볼 수 있다는 것이다. 실용적 목적이나 특정 개념을 벗어나 소리 자체에서 오는 순수한 즐거움, 그것이 바로 미의 본질이라는 칸트의 주장을 따르면, AI 사운드도 충분히 예술의 범주에 들어갈 수 있는 셈이다.

칸트가 말한 '천재'의 개념도 AI 사운드를 전통적인 미학 관점에서 생각해 볼 만하다. 천재란 "예술에 규칙을 부여하는 능력"이라고 그는 정의했다. 물론 이를 AI에 그대로 적용하기는 어렵다. 천재는 인간이 타고난 재능을 바탕으로 새로운 창작 규칙을 만드는 능력을 뜻하기 때문이다. 하지만 비유적으로 본다면, AI가 방대한 데이터를 학습해 음악적 패턴을 추출하고 새로운 조합을 만들어 내는 과정은 어떤 면에서 '규칙 생성'과 닮아있다. 여기서 말하는 '자연'은 인간의 본능적 재능이 아니라 알고리즘과 데이터로 이뤄진 인공적 환경이지만, 형식적 차원에서는 어느 정도 미적 자율성을 보여 준다고 할 수 있다.

또한 전통 미학적 논의의 맥락에서 헤겔의 입장은 다음과 같다. 그는 예술을 특정 시대의 정신을 담아내는 표현 양식으로 보았다. 《미학 강의》에서 그는 예술을 '시대

정신(Zeitgeist)의 감각적 표현'이라고 했다. AI 사운드는 21세기 기술 사회의 정신을 반영하는 새로운 예술 양식으로 논의될 수 있는데, 인공지능과 빅데이터, 알고리즘이라는 현대의 핵심 요소들이 음악 속에 구현되면서, 청취자는 이를 통해 자신이 속한 시대의 본질을 감각적으로 경험하게 된다.

다만 헤겔의 '예술 종말' 논의를 고려하면 다소 복잡해질 수 있다. 그는 근대 예술이 완성도 면에서는 정교해질 수 있으나 전통적으로 예술이 담아왔던 내적 깊이와 정신적 차원을 충분히 구현하기는 어렵다고 보았다. 여기에서 인간 창작자의 사유와 감정이 직접 반영되지 않는 AI 음악은 기존 예술이 보여 주던 '정신의 깊이'가 상대적으로 부족할 수 있다는 비판이 가능하다. 헤겔 미학에서 예술은 단순한 감각적 재현이 아니라 사유의 형식이기 때문이다(박정훈, 2024).

하지만 달리 보면, AI 사운드는 단순히 기존 예술의 대체물이 아니라 알고리즘 · 데이터 · 자동화라는 기술 사회의 본질을 소리라는 감각적 형식으로 드러내는 새로운 매개체다. 이런 점에서 AI 사운드는 헤겔이 말한 시대정신을 구현하는 독자적 예술 양식으로 해석할 수 있는 여지가 있다.

현대 예술 담론 속 사운드 미학

전통적 미학의 관점에서 AI 사운드를 이해하는 논의가 '인간 중심의 예술관'을 반추하게 했다면, 이제 그 논의를 현대 음악과 사운드 미학의 장으로 확장할 필요가 있다. 20세기 이후 음악과 예술 담론은 기존의 조율된 질서와 규범을 넘어, 소리 자체의 구조와 경험, 환경과 우연성, 그리고 청취자의 참여에 주목해 왔기 때문이다. 특히 현대의 사운드는 형태가 없는 인간의 심적 상태나 비연속적인 내면의 흐름을 포착하기 위한 표현 장치로 활용되는 경우가 많다(박남예, 2021). 이러한 전반적인 문제의식은 오늘날 AI 사운드가 보여 주는 특성과 긴밀히 맞닿아 있다. 이렇듯 현대 음악 미학은 AI 사운드를 이해하고 재해석하는 데 중요한 틀을 제공하고 있으며, 그 주요한 세 가지 측면은 다음과 같다.

첫째, 대량 생산과 반복의 문제다. 테오도르 아도르노는 대중음악을 문화 산업의 산물로 보았다. 그는 패턴화와 표준화가 청취자를 수동적으로 만든다고 비판했다. 이런 관점에서 보면 AI 사운드 역시 비슷한 위험을 안고 있다. 성공한 음악 형식을 학습해 유사한 결과물을 대량 생산하기 때문이다. 겉으로는 새롭고 개별적인 듯 보이지만, 실제로는 기존 틀을 반복하는 셈이다. 그러나 아도

르노는 동시에 다른 가능성도 제시했다. 그는 새로운 음악이 기존 관습을 깨뜨릴 때 발생하는 예술적 가치를 강조했다(이수완, 2009). 쇤베르크의 12음 기법이 전통적 조성 체계를 해체하고 청취자를 낯선 경험으로 이끈 점을 높이 평가한 것이 대표적이다. AI 사운드에도 이러한 가능성은 열려 있다. 익숙한 음악을 모방하고 반복하는 데 머무를 수도 있지만, 기존 규범을 벗어난 예측 불가능한 결과를 만들어 낼 때 새로운 청취 경험이 시작된다.

둘째, 음향 질감의 재해석이다. 리게티는 선율이나 화성 중심이 아닌, 음악의 질감 개념을 통해 미시적 음향 단위들의 집합과 흐름이 만들어 내는 퀄리티 자체에 주목했다. 그의 대표작 《Atmosphères》에서는 수십 개의 음이 겹쳐지며 거대한 소리 덩어리의 흐름을 형성하여, 청취자는 개별 음의 존재보다 전체 클러스터의 움직임을 경험하게 한다. 이러한 방식은 AI가 방대한 데이터의 패턴을 구조화해 결과물을 만들어 내는 과정과 닮아 있다. 즉, 리게티가 소리를 '시간 속의 질감'으로 바라본 관점은, AI 사운드가 확률적 생성과 파라미터의 조합을 통해 새로운 청각적 형식을 만들어 내는 원리와 맞닿아 있다.

셋째, 환경과 우연성을 음악의 소재로 삼는 것이다. 이를 설명하기 위해 사운드 스케이프와 우연성 음악의 사례를 예로 들 수 있다. 머레이 쉐퍼(R. Murray Schafer)는 소리를 단순한 배경음이 아닌 인간과 환경의 관계를 드러내는 맥락으로 이해하며, 사운드 스케이프와 음향 생태학의 개념을 제시했다(손민정, 2021). 그는 도시의 소음, 자연의 소리, 일상의 음향이 모두 의미 있는 음악적 재료가 될 수 있다고 보았다. AI는 이러한 관점을 새로운 차원으로 확장한다. 단순히 음악을 생성하는 도구가 아니라, 날씨 · 교통 · 생체 신호 등 실시간 환경 데이터를 반영하여 인간과 기계, 자연음과 인공음이 얽힌 음향 생태계를 구축하는 참여자가 될 수 있기 때문이다.

존 케이지 또한 우연성 음악의 관점에서 주목할 만하다. 그는 1952년 작품 《4분 33초》에서 작곡가의 의도를 최소화하고 우연성을 음악의 주요 소재로 삼았다. 그는 '주어진 순간에 들리는 모든 소리'가 음악이 될 수 있음을 보여 주었고(강나원, 2010), 주역과 같은 외부 체계를 활용해 무작위성을 작곡 도구로 삼기도 했다. AI 역시 확률 분포에 따라 결과를 생성하며, 예기치 못한 음향 전개를 만들어 낸다. 물론 케이지의 무작위성이 인간 통제로부터의 의도적 해방이었다면, AI의 확률적 생성은 알고리즘에 내장된 패턴의 결과다. 그러나 바로 이 차이가 흥미롭다. AI는 '작곡가 없는 음악'이 아니라 '인간과 기계가 협업하는 우연성'을 만들어 내며, 케이지가 제기한 '누가 음악을 만드는가'라는 질문을 새로운 맥락에서 다시 묻게 한다.

AI 사운드의 독자적 미학

그렇다면 AI 사운드만의 고유한 특성은 무엇일까? 전통 미학이나 현대 음악 이론의 틀에서 살펴보았지만, 완전히 설명되지 않는 독특한 면들이 존재한다.

가장 먼저 주목할 점은 확률적 아름다움이다. 딥러닝 기반 음악 모델은 수백만 개의 파라미터를 통해 방대한 패턴을 학습한다. 이 과정에서 개별 음의 선택이 확률 분포에 따라 달라지면서, 익숙한 패턴과 예기치 못한 변주가 공존한다. 이로 인해 형성되는 독특한 긴장감이 AI 사운드만의 미적 특성이다.

다음으로 주목할 특성은 생성적 무한성이다. 같은 모델이라도 시드 값이나 입력 조건을 바꾸면 무한히 다른 결과물이 나온다. 이는 완결된 '작품'이라는 전통적 예술 개념에 도전한다. 존 케이지의 우연성 음악이나 스티브 라이히의 미니멀 음악과 유사해 보이지만, 더 복잡하고 다채로운 변주가 가능하다는 점에서 차별화된다. 여기서 흥미로운 것은 인간 작곡가의 역할 변화다. 직접 음표를 쓰는 대신, 생성 과정 자체를 설계하고 조율하는 기획자로 전환되고 있다.

또 다른 중요한 특성은 상호작용성과 참여의 미학이다(심준섭, 2011). AI 사운드의 혁신적 특성은 실시간 상호작용성에 있다. 사용자는 파라미터 조정, 신체 움직임, 음성, 생체 신호 입력 등을 통해 음악 생성에 직접 개입할 수 있다. 그 결과 만들어지는 음악은 고정된 작품이라기보다, 특정 맥락 속에서 매번 새롭게 형성되는 음향 환경이라 할 수 있다.

발터 베냐민의 아우라 개념도 AI 사운드를 통해 새롭게 해석할 수 있다. 베냐민이 《기술 복제 시대의 예술 작품》에서 논의한 아우라는 전통적 예술의 일회성과 고유성에 기반했다. 복제 기술이 이 아우라를 파괴한다는 것이 그의 진단이었다. 그러나 AI 사운드는 흥미롭게도 다른 양상을 보여 준다. 기계가 만든 소리는 완벽히 복제되지 않는다. 같은 모델이라도 조건에 따라 매번 다른 결과를 낸다. 역설적이게도 알고리즘적 변화 속에서 새로운 형태의 '디지털 아우라'가 생성되는 것이다. 베냐민이 말했듯 기술은 예술의 본질적 조건을 바꾼다(김남시, 2015: 55). AI 시대는 바로 그 변화의 한복판이다.

롤랑 바르트의 《작가의 죽음》은 이 변화를 더 깊이 이해하게 해 준다. 바르트는 텍스트의 의미가 더 이상 단일한 창작자의 의도로 고정되지 않고, 독자의 해석 속에서 끊임없이 재생성된다고 보았다. AI로 생성된 음악은 바로 이런 구조를 보여 준다. 특정 개인의 독창적 산물이 아니라, 인간 사용자와 알고리즘, 그리고 학습 데이터를 제공한 수많은 원저자가 얽혀 만들어 낸 집합적 창작물이다(임효성, 2019). AI 음악의 '작가'는 하나의 주체로 한정되지 않는다. 인간과 기계, 나아가 데이터와 사회적 맥락이 함께 얽혀 형성되는 협업적 산물이다. 이렇게 생성된 음악은 예측 불가능하면서도 나름의 내적 논리를 지닌 새로운 미학적 경험을 만들어 낸다(김영윤 · 조준희, 2024).

결국 AI 사운드는 기술적 산물이면서 동시에 미학적 탐구의 대상이다. 20세기 실험 음악이 던진 질문들—반복과 해체, 우연성과 통제, 작가성과 청취 경험—이 AI를 통해 새로운 국면을 맞이하고 있다. 이는 단순히 기계가 음악을 만든다는 사실을 넘어선다. 우리가 무엇을 예술이라 부를 것인지, 창작이란 무엇인지, 그리고 인간과 기계의 관계를 어떻게 설정할 것인지에 대한 근본적 질문이다. AI 사운드를 둘러싼 미학적 논의는 이제 시작일 뿐이다. 그리고 이 논의는 앞으로 우리가 살아갈 AI 시대의 예술과 인간성에 대한 이해를 근본부터 다시 쓰게 할 것이다.

참고문헌

강나원(2010). “‘케이지 우연성음악’의 철학적 배경에 관한 비판적 고찰: 동아시아 철학 수용의 문제를 중심으로”. 《서양음악학》, 13(3), 189~216쪽.

김남시(2015). “발터 베냐민 예술론에서 기술의 의미: 『기술복제 시대의 예술작품』 다시 읽기”. 《미학》, 81(2), 49~86쪽.

김세영(2013). “예술과 테크놀러지를 활용한 유희적 공간에서의 미적 경험에 관한 연구”. 《한국실내디자인학회 논문집》, 22(3), 61~69쪽.

김영윤·조준희(2024). “인공지능 퍼포먼스에 나타나는 혼성적 미학 특성 연구: 현존과 아우라를 중심으로”. 《연극교육연구》, 48, 5~32쪽.

박남예(2021). “영화의 의식의 흐름 기법과 사운드 디자인의 양상”. 《현대영화연구》, 17(1), 55~74쪽.

박배형(2017). “칸트 미학에서 ‘취미의 자율성’ 문제: 칸트의 수사적 예술 비판을 중심으로”. 《미학》, 83(3), 51~79쪽.

박은지(2024). “최근 인공지능 음악 생성기에 대한 심층 분석”. 《한국예술연구》, 44, 5~30쪽.

박정훈(2024). “헤겔 미학에서 예술과 사유”. 《헤겔연구》, 56, 1~33쪽.

손민정(2021). “소리, 생태, 그리고 생태음악학”. 《한국예술연구》, 33, 5~27쪽.

심준섭(2011). “사운드 아트 및 영상 설치미술의 상호작용성(Interactivity) 연구 : 본인 작품을 중심으로”.

경북대학교 대학원 박사학위논문.
오희숙(2025). "'디지털 테크놀로지'와 '전통'의 대화: 포스트디지털 음악미학 탐색". 《음악이론연구》, 44, 85~124쪽.
이수완(2009). "아도르노의 대중음악 비판 연구". 서울대학교 대학원 박사학위논문.
임효성(2019). "인공지능을 활용한 음악창작과 저작물성". 《계간 저작권》, 126, 37~73쪽.
장재호(2017). "인공지능의 음악성". 《한국예술연구》, 15, 29~44쪽.
Hegel, G. W. F.(1835). *Vorlesungen über die Ästhetik*. 두행숙 옮김(2010). 《미학강의》. 은행나무.
Kant, I.(1790). *Kritik der Urteilskraft*. 백종현 옮김(2009). 《판단력 비판》. 아카넷.

09
AI 사운드의 윤리·법적 쟁점

AI 사운드는 단순한 기술적 산출물에 그치지 않고, 법적 · 윤리적 논의를 불러일으키는 사회적 쟁점으로 부상하고 있다. 저작권과 데이터 활용, 생성 과정의 투명성, 청각적 편향과 문화적 수용성, 감정 조작 가능성 등 다양한 문제가 함께 제기된다. 이는 기술의 활용을 넘어, 음악과 사운드를 예술적이면서도 사회적 자산으로 어떻게 다루어야 하는지에 대한 근본적 재검토를 요구한다.

AI와 기자?

저작권과 데이터 사용

앞선 장에서 AI 사운드의 미학적 논의가 창작과 청취 경험의 의미를 조명했다면, 이번 장은 사회 제도와 규범의 차원에서 규제와 수용의 문제를 다룬다. AI 사운드를 둘러싼 법적 쟁점은 크게 저작권, 데이터 사용, 학습 소스 문제로 나뉜다. 무엇보다 기존 음악 작품이 AI 학습에 활용될 때 원작자의 동의나 보상 없이 진행되는 경우가 많아 논란이 끊이지 않는다. AI가 생성한 사운드와 원본 저작물 사이의 경계가 불분명하기 때문에, 어디까지를 합법적 학습으로 볼 것인지, 어디서부터 침해로 간주할 것인지가 중요한 논의 대상이 된다(이다영, 2024).

AI 사운드 문제가 특히 심각한 이유는 기존 사운드 영역의 저작권 관행 자체가 애초에 모호했기 때문이다. 영화를 예로 들어보자. 사운드 디자이너는 엔딩 크레딧에 이름이 올라가지만, 실제 창작 과정에서 사용되는 개별 사운드 소스들의 저작권은 불분명한 경우가 많다. 주제곡이나 삽입곡처럼 명확한 작곡가와 작사가가 있는 음악과 달리, 배경에 깔리는 환경음, 효과음, 분위기 사운드 등은 누가 만들었는지, 어디서 가져온 것인지 추적하기 어렵다. 이렇게 모호한 영역의 사운드 소스들이 AI 학습 데이터로 대량 수집되면서, 기존 법체계로는 판단하기 더욱 어려운 복잡한 상황이 만들어지고 있다.

AI 생성 사운드의 권리 귀속과 보호 범위 역시 복잡한 과제다. 현행 저작권 법체계는 인간 창작자를 전제로 설계되었기 때문에, AI가 생성한 결과물의 소유권과 보호 범위를 명확히 규정하지 못하고 있다. 박호현 · 김종호(2021)는 현행 규제가 AI 창작물의 법적 지위를 규정하는 기준 마련이 부족하기 때문에 관련 법률적 테두리가 아직 미흡하다고 지적한다. AI 사운드도 인간이 만든 음악처럼 감정을 불러일으키고 의미를 만들어 내지만, 일부에서는 AI만 따로 제한하려는 움직임이 있다. 그러나 이런 방식은 형평성을 잃고 있다.

결국 논의의 초점은 AI 자체의 금지 여부가 아니라 투명성 확보와 공정한 보상 구조 마련에 있다(박명순 · 김현경, 2024). 더 나아가 청취자가 AI 생성 음악을 어떻게 인식하는지, 그 경험이 음악 문화 전반에 어떤 변화를 일으키는지도 함께 검토해야 한다. 지금 필요한 것은 단순한 제약이 아니라, 기술 발전과 예술적 가치, 그리고 사회적 합의를 조화롭게 아우르는 법적 · 윤리적 틀이기 때문이다.

기술 수용과 청각적 편향

저작권과 데이터 사용 문제가 AI 사운드의 제도적 차원을 다뤘다면, 청각적 편향과 기술 수용 문제는 또한 보다 근본적인 윤리적 쟁점을 제기한다. 사람은 소리를 듣고 해석하는 과정에서 심리적 습관과 편견을 드러내는데, 이러한 청각적 편향(auditory bias)은 음악 평가에서 직접적인 영향을 미친다. 특히 AI 음악의 경우 기술에 대한 막연한 두려움과 문화적 선입견이 결합되면서, 음악의 내적 가치보다 '누가 만들었는가'가 판단의 핵심 기준이 되는 현상이 나타난다.

이러한 양상은 사실 새로운 기술이 등장할 때마다 반복되어 왔다. 1906년 존 필립 수자가 녹음을 '통조림 음악'이라 비판했던 사건이나, 1960년대 신시사이저 도입에 따른 저항은 오늘날 AI 음악을 둘러싼 불안과 놀라울 만큼 닮아 있다. 새로운 기술이 창작에 도입될 때마다, 문화적 편견과 기술적 불신이 되풀이되어 온 것이다.

최근 심리학 연구에서는 여기에 대한 관련 현상을 'AI Composer Bias'라 명명한다. 동일한 음악이라도 AI가 작곡했다고 알려지면 창의성과 선호도가 낮게 평가되는 경향이 나타나는 것이다. 이처럼 AI 음악에 대한 사회적 수용 과정에서 발생하는 편향과 차별은 단순한 개인 취향의 문제가 아니며, 이것은 공정성과 문화적 다양성을 위협하는 구조적 문제로 이어진다. 더 나아가 AI의 감정 조작 능력이 개인의 자율성을 침해하거나 사회적 조작의 수단으로 악용될 가능성도 내포한다.

한편, 청취자가 AI 음악과 인간의 음악을 구분할 수 있는지에 대한 연구들은 흥미로운 결과를 보여 준다. 2021년 티디오(Tidio)가 진행한 블라인드 테스트에서, 비틀즈 스타일로 학습된 AI 음악은 61.6%의 참가자가 인간의 창작물로 판단했고, 반대로 인간 프로듀서가 편곡한 EDM 트랙은 71.4%가 AI 음악이라고 잘못 판단했다. 이는 청취 경험만으로는 AI와 인간의 음악을 명확히 구분하기 어렵다는 점을 보여 주며, 장르에 대한 선입견이나 기대치가 판단에 영향을 미친다는 사실을 시사한다(Tidio, 2021).

국내 연구 결과도 유사하다. 김영삼 · 이혜원(2025)은 SUNO AI 모델을 활용해 K-culture 전공 학생 30명을 대상으로 AI 음악과 인간 음악의 감성 표현력을 비교했다. 작곡가 정보를 알리지 않았을 때는 두 음악의 선호도 차이가 거의 없었으나, 'AI가 만든 곡'이라는 사실을 알게 되자 즉시 선호도가 하락했다. 이는 음악의 본질적 특성보다 청취자에게는 외부 정보와 편견이 감정 반응을 좌우할 수 있음을 보여 준다.

AI 음악의 감정 유도와 조작 논란

앞서 살펴본 청각적 편향성이 사회 문화적 차원의 문제였다면, 이번에는 AI 음악이 인간의 감정에 직접적으로 어떤 영향을 미치는지를 살펴볼 필요가 있다. AI가 생성한 음악이 단순한 법적 지위나 사회적 인식을 넘어, 실제로 청취자의 감정을 조작하거나 유도할 수 있는지라는 점에서 윤리적으로 민감한 쟁점이 되기 때문이다.

기존에는 AI 음악이 인간의 감정을 움직일 수 있다는 주장에 회의적인 시각이 많았다. 그러나 AI 음악이 인간 감정에 미치는 영향은 최근 연구에서도 부분적으로 보고되고 있으며, 실험 참가자들이 AI 음악을 통해 기쁨, 슬픔, 평온 등 다양한 정서적 반응을 경험한 사례가 있다. 다만 그 효과와 강도, 정서적 의도 인식은 곡의 구조, 장르, 안내 등에 따라 달라질 수 있다(van Schaik, 2024; Egermann et al., 2013).

이러한 경향은 다른 실험에서도 확인된다. AI 음악과 클래식 등 인간이 연주한 음악을 비교한 연구에서 AI 음악의 몰입도는 3.9점, 표현력은 4.1점으로 나타나 전반적으로 인간 음악보다 낮게 평가되었다. 특히 장르별 차이가 뚜렷하게 드러났는데, 저가의 악기와 장비를 활용해 정제되지 않은 사운드를 구현하는 Lo-Fi나, 음향적 질감과 구조적 패턴이 중심이 되는 전자 음악에서는 큰 차이가 없었다. 그러나 클래식 · 재즈 · 발라드처럼 섬세한 감정 표현이 중요한 장르에서는 격차가 컸다(김영삼 · 이혜원, 2025). 이는 AI 음악이 일정 수준의 감정 유도력과 청각적 몰입 구조를 형성할 수 있으나, 장르적 맥락과 대위적 구성, 고급화성 처리, 감성적 디테일 구현 능력에서 한계를 보인다는 점을 시사한다.

이러한 결과는 AI 음악이 광고, 마케팅, 정치 캠페인 등에서 무의식적 감정을 유도하거나 조작하는 수단으로 활용될 수 있다는 우려로 이어진다. 하지만 동시에, 감정을 움직이는 것은 본래 음악 일반의 속성이기도 하다. 인간 작곡가들 역시 광고 음악이나 영화 음악을 통해 청중의 정서를 유도해 왔으며, 음악과 소비자 연구에서는 긍정적인 음악이 소비자의 구매 의도를 높이고, 브랜드 기억을 강화한다는 사실을 제시한 바 있다. 따라서 AI가 감정을 '조작한다'는 표현은 자극적이거나 단정적으로 사용하기보다, 윤리적 · 법적 맥락 속에서 신중히 다뤄져야 한다.

또한 반 샤이크(van Schaik, 2024)의 연구에서는 동일한 곡이라도 '인간 작곡'이라는 정보가 제공되면 감정 반응이 더 강하게 나타나고, 'AI 작곡'이라는 라벨이 붙으면 반응이 약화되는 현상이 관찰되었다. 이는 곡의 구조적 특성보다 작곡 주체에 대한 인식이 감정 경험을 좌우한다는 점을 보여 준다. 흥미롭게도 이러한 현상은 시각 예술이나 문학에서도 일부 보고된다. 블라인드 테스트에서는 긍정적으로 평가된 작품이 'AI 창작물'임이 드러나는 순간 예술적 가치가 재평가되는 경우는 꽤 흔하다.

결국 핵심은 감정을 유도하거나 조작하는 능력이 AI만의 고유한 문제가 아니라는 점이다. 예술 전반은 이미 그동안 우리에게 많은 감정적 영향력을 행사해 왔다. 따라서 논의의 초점은 "AI가 감정을 조작하는가"라는 단순한 여부가 아니라, 그 영향력이 어떤 방식으로 발현되고 사회적으로 어떻게 관리·규제되어야 하는가에 맞추어야 한다. AI의 예술을 '조작'으로 낙인찍는 것이 아니라, 투명한 라벨링, 공정한 보상 구조, 고위험 영역에서의 사용 제한 같은 구체적 윤리·법적 기준을 마련하는 일이다. 이러한 틀이 구축될 때, AI 음악은 감정적 영향력을 지니면서도 사회적으로 수용 가능한 위치를 확보할 수 있을 것이다.

규제 정책 동향과 제작자 대응 방안

AI 사운드를 둘러싼 규제 논의는 세계 각지에서 빠르게 전개되고 있다. 앞에서도 살펴보았듯이 사운드 중에서도 특히 음악 분야가 가장 활발하게 논의되는 영역이다. 음악은 저작권 체계가 비교적 명확히 자리 잡은 분야이기 때문에, AI 학습 데이터 사용이나 창작물의 권리 귀속에 대한 문제가 더욱 선명하게 드러난다.

이와 관련해, 유럽연합(EU)은 가장 선제적으로 제도화를 추진하였다. 2024년 8월 1일 공식 발효된 「EU 인공지능법(AI Act)」은 생성형 AI가 만든 오디오, 이미지, 비디오, 텍스트 등 모든 콘텐츠에 'AI 생성'임을 기계 판독 가능한 형식으로 명시하도록 규정했다. 사람의 창작물과 혼동을 막기 위한 투명성 의무 조항은 2026년 8월 2일부터 본격적으로 적용된다(EU AI Act, 2024; 심소연, 2024).

미국은 저작권 체계에 초점을 두고 있다. 2025년 미국 저작권청(USCO)은 'AI와 저작권' 보고서와 일련의 판례를 통해 '인간 저작자 요건'을 재확인하며, AI가 생성한 결과물 자체는 저작권으로 보호받을 수 없다는 원칙을 분명히 했다. 반면, 기존 저작물을 AI 학습 데이터로 활용하는 행위에 대해서는 공정이용 원칙에 따라 사안별로 판단이 달라질 수 있어 법적 불확실성이 여전히 크다. 최근에는 음반사들의 집단 소송과 라이선스 협상 사례가 잇따르며 AI 음악 산업 전반에 영향을 미치고 있다.

아시아 국가들은 산업 육성과 규제의 균형에 방점을 두고 있다. 중국과 일본, 동남아시아는 기술 진흥 정책과 더불어 데이터 보호 및 윤리 기준 정립을 동시에 시도하고 있다. 국내에서는 아직 AI 음악에 특화된 법체계가 마련되지 않았다. 그러나 문화체육관광부와 한국저작권위원회를 중심으로 가이드라인과 데이터 이용 기준이 논의되고 있으며, 한국음악저작권협회는 AI 활용 여부의 명시, 창작 증빙 자료 제출 등을 의무화하는 방식으로 등록·분배 절차를 강화하고 있다.

이러한 흐름 속에서 공통적으로 떠오르는 키워드는 '투명성'이다. 최근 국내 음악 소비자·업계 인식 조사에서도 대부분의 응답자가 "AI 음악에는 반드시 라벨링이 필요하다"고 답했으며, 글로벌 플랫폼 디저(Deezer) 역시 오디오 분석 기술을 통해 AI 생성 여부를 표시하는 기능을 도입했다. 현재 논의의 핵심은 AI 음악의 금지 여부가 아니라, 청취자의 알 권리를 실질적으로 어떻게 보장할 것인가에 초점이 맞춰지고 있다.

제작자 입장에서도 변화에 대응하는 전략이 필요하

다. 무엇보다 AI로 만든 음악임을 숨기지 않고 명확히 공개하는 것이 신뢰를 쌓는 첫걸음이 된다. 또한 학습에 활용된 데이터와 원작자에 대한 정당한 보상 방안을 마련해야 한다. 이는 단순히 법적 분쟁을 피하기 위한 조치가 아니라, 창작 생태계 전체가 지속 가능하기 위한 조건이기도 하다.

마지막으로, 상업적 배포 전에 충분한 품질 검증이 필요하다. 기술적 완성도뿐 아니라 감정 전달력, 문화적 적합성까지 꼼꼼히 점검하지 않으면 시장의 신뢰를 얻기 어렵기 때문이다.

궁극적으로 규제 정책과 제작자의 대응은 같은 목표를 향한다. AI를 단순히 통제하거나 배제하기보다는 투명성과 책임성을 바탕으로 신뢰할 수 있는 창작 환경을 마련하는 것이다. 그래야만 AI 음악이 위험 요소가 아닌, 인간과 함께 새로운 가치를 만들어 내는 파트너로 자리잡을 수 있다.

참고문헌

김영삼·이혜원(2025). "AI 기반 감성적 사운드 디자인 연구: 감성 데이터와 AI 학습 모델의 융합 가능성 분석". 《한국디자인리서치》, 10(1), 30~39쪽.

박명순·김현경(2024). "인공지능(AI) 생성물의 저작권 침해

판단기준의 한계와 개선과제". 《선진상사법률연구》, 106, 149~182쪽.
박호현·김종호(2021). "인공지능의 창작활동에 대한 논의: 저작권법적 제도개선을 중심으로". 《The Journal of Law & IP》, 11(1), 1~35쪽.
심소연(2024). "규제중심의 유럽연합 인공지능법(EU AI Act)". 《최신 외국입법정보》, 242. 국회도서관.
이다영(2024). "작곡 AI의 현재와 쟁점에 따른 국내 음악저작권 논의방향 연구". 《대중음악》, 33, 241~274쪽.
Egermann, H. et al.(2013). Probabilistic models of expectation violation predict psychophysiological emotional responses to live concert music. *Cognitive Affective & Behavioral Neuroscience 13*(3), pp.533~553.
EU AI Act(2024). Regulation (EU) 2024/1689. https://eur-lex.europa.eu/legal-content/EN/TXT/?uri=CELEX%3A32024R1689
Tidio(2025). AI or Not Quiz (Generated Pics vs Real Photos, Images & Art). https://www.tidio.com/blog/ai-test/
van Schaik, S.(2024). Can AI-generated music induce emotions? A mixed-methods research study on the emotional impact of AI-generated music. Master's thesis, Stockholm University. http://www.diva-portal.org/smash/get/diva2:1955553/FULLTEXT01.pdf

10
포스트-AI 시대의 사운드 디자인

포스트-AI 시대의 사운드 디자인은 단순한 테크닉으로 완성되지 않는다. 인간의 감정과 문화적 맥락을 이해하고, AI와 창의적으로 결합해 새로운 가치를 만들어 내야 한다. 기술은 인간을 대체하는 수단이 아니라, 함께 공존하며 전문성을 확장하는 동반자이기 때문이다. 미래의 사운드 디자이너는 기술과 예술, 감성과 데이터를 융합해 자신만의 창의적 영역을 구축하는 존재로 나아가게 될 것이다.

AI와 미래 의사?

변화하는 생태계와 새로운 기회

AI 사운드 기술은 음악 제작 과정에 변화를 가져오고 있다. 전통적으로 음악 제작은 작곡, 연주, 녹음, 믹싱, 마스터링 등 여러 단계를 거쳐 다수의 전문가가 협업하는 방식이었다(Théberge, 1997). 최근에는 AI 도구들이 이러한 작업의 일부를 지원하거나 자동화하면서, 개인 창작자도 과거보다 수월하게 음원을 제작할 수 있게 되었다(최영신, 2024). 다만 이것이 전문가의 역할을 완전히 대체한다기보다는, 작업 방식과 협업 구조에 점진적인 변화를 일으키고 있다고 보는 것이 적절하다.

음악 소비 방식 역시 기술 발전과 함께 변화해 왔다. 라이브 공연에서 시작해 녹음 매체, 그리고 스트리밍 서비스로 이어지는 흐름 속에서, 최근에는 플랫폼이 단순 재생을 넘어 개인화된 추천 기능을 제공하고 있다(이희준 외, 2019). AI 스피커는 이러한 변화를 보여주는 사례로, 음악 재생뿐 아니라 큐레이션과 음성 제어 기능을 통해 새로운 청취 경험을 제공한다(박재현 외, 2019). 그러나 현재의 추천 알고리즘은 주로 청취 이력과 장르 정보에 의존하기 때문에, 사용자의 즉각적인 감정 상태나 맥락을 세밀하게 반영하는 데는 다소 한계가 있다(이승준 외, 2018; 박재영 외, 2018).

이러한 전반적인 기술적 진보는 음악 산업 전반의 구조에도 변화를 예고하고 있다. 개인화된 큐레이션 기술은 단순한 청취 방식의 혁신을 넘어, 음악이 소비되는 맥락과 유통 경로를 새롭게 바꾸고 있다. 스트리밍 플랫폼은 청취 데이터를 기반으로 사용자의 취향을 예측하고, 알고리즘을 통해 음악의 도달 방식을 결정한다. 이러한 흐름은 기술이 청취 경험뿐 아니라 산업의 동력까지 재편할 수 있음을 보여 준다. 음악 산업 내부에서는 이미 AI 기술이 구조적 변화를 이끌고 있다. 엔터테인먼트 기업과 AI 음악 스타트업 간에는 저작권을 둘러싼 분쟁과 협업이 동시에 이루어지고 있으며, AI 음악은 단순한 창작물을 넘어 자산과 권리가 얽힌 산업적 이슈로 확장되고 있다. 이로써 기존의 생산-유통-소비 구조는 점차 AI와 데이터 중심의 생태계로 전환되고 있다(차우진, 2024).

한편 AI 기술의 발전은 새로운 전문 영역의 필요성을 드러내고 있다. AI가 생성한 다수의 결과물 중에서 맥락에 적합한 사운드를 선별하거나, 사용자의 상황에 맞게 음향을 조정하거나, 낡은 음원의 품질을 개선하는 작업은 여전히 사람의 판단과 해석을 필요로 한다. 'AI 음악 큐레이션', '감정 기반 음향 매칭', 'AI 오디오 복원' 같은 영역이 그 예다. 결국 AI 기술의 발전은 기존 역할을 단순히 대체하기보다는, 사운드 전문가가 AI를 도구로 활용하며 새로운 방식으로 협업하는 구조를 만들어가고 있다고 볼 수 있다.

새로운 전문 영역의 등장은 사람 간 협업 구조에도 변화를 불러오고 있다. 과거에는 사운드 디자이너가 주로 음악 전문가들과만 협업했다면, 이제는 데이터 과학자, UX 디자이너, 심리학자, 문화 연구자 등 다양한 분야의 전문가들과 함께 일해야 한다. 이 과정에서 사운드 디자이너는 음악적 방향성을 제시하고, 기술적 가능성과 예술적 의도를 조율하는 중재자로서의 역할을 맡는다. 단순한 기술자를 넘어 맥락에 맞는 사운드를 선별하고 이를 예술적 표현으로 전환하며, 서로 다른 전문가들의 언어를 통합하고 공통 언어로 연결하는 '문화적 번역자'로 정체성을 확장해 가는 것이다.

AI-Human 협력 시대 사운드 교육

사운드 전문 인력 양성은 그 어느 때보다 절실한 요구를 하고 있다. 그동안의 음향 이론과 아날로그 장비 중심의 교육만으로는 새로운 시대의 역량을 충족하기 어렵기 때문이다. 현재 사운드 교육은 신호 처리, 음향학, DAW

활용 등 개별적 기술 습득에 집중되어 있으며, 실제 산업 현장에서 요구되는 AI 기반 창작 워크플로, 감정 데이터 해석, 프롬프트 엔지니어링과 같은 영역은 여전히 제한적으로 다뤄지고 있다(박휴용, 2024). 따라서 산업 현장의 요구와 교육 내용 사이의 간극을 메울 체계적인 커리큘럼이 필요하다.

이를 위해 새로운 교육 패러다임은 세 가지로 요약할 수 있다. 첫째, 전통적 음향 이론과 AI 기술을 융합하는 것이다. WaveNet, GAN, Diffusion Model 등 최신 생성 모델을 이해하고, 이를 실시간 상호작용 시스템에 응용할 수 있는 능력이 필요하다(Yang et al., 2023). 둘째, 프롬프트 엔지니어링 역량을 강화하는 것이다. 예를 들어 MusicLM 등 텍스트-투-뮤직 모델은 언어적 묘사만으로 음악을 생성할 수 있어, 사운드 디자이너가 언어와 기술을 매개로 원하는 감정을 구현할 수 있어야 한다. 셋째, 감정 데이터와 개인화에 대한 탐구다. 에거만 등(Egermann et al., 2013)은 동일 음악이라도 개인별 정서 반응 차이가 크다는 점을 밝혔는데, 이는 교육이 개인화된 감정 설계와 청취 맥락 반영을 다뤄야 함을 보여 준다.

한편 국제적으로도 사운드 전문 교육에 대한 움직임은 활발하다. 프랑스 IRCAM(Institut de Recherche et Coordination Acoustique/Musique)과 독일 ZKM (Zentrum für Kunst und Medien)은 머신러닝 기반 실시간 음향 퍼포먼스와 인터랙티브 음악 시스템을 연구와 교육에 도입하고 있으며, 스탠퍼드 CCRMA(Center for Computer Research in Music and Acoustics)는 VR/AR 오디오, 개인화 음악, 감정 알고리즘을 포함한 프로젝트를 운영한다(IRCAM, 2023; Stanford CCRMA, 2024; ZKM, 2025).

스웨덴 KMH와 네덜란드 ArtEZ는 알고리즘 작곡, 사운드 스케이프, 머신러닝 창작을 포괄하는 커리큘럼을 제공하며, 버클리 음대는 AI-Human Creativity 프로그램을 운영 중이다. 중국 베이징중앙음악원도 지능형 음악 제작 과정을 개설하며, 윤리와 저작권 가이드라인을 병행하고 있다(강주현 · 신지혜, 2024).

이처럼 각국의 교육 기관들이 기술과 제도를 동시에 반영하려는 움직임은, 단순한 기술 습득을 넘어 산업 현장과의 연계, 그리고 사회적 책임까지 포괄하고자 하는 현대 사운드 교육의 지향점을 잘 보여 준다.

창작 철학과 예술적 가치 재정의

AI 사운드 기술이 가져온 변화의 물결 속에서 우리는 창작의 본질과 예술의 가치를 다시 묻게 된다. 기술이 만들어 낸 소리가 과연 예술적 가치를 지닐 수 있는가, 그리고 인간과 AI의 협업은 어디까지 예술로 인정될 수 있는가 하는 질문이 그것이다. 이러한 논의는 단순한 기술적 문제를 넘어, 예술의 진정성과 의미를 어떻게 정의할 것인가라는 철학적 과제를 내포한다.

발터 베냐민(Walter Benjamin)은 《기술 복제 시대의 예술 작품》에서 기술 복제가 예술의 '아우라'를 소멸시킨다고 하면서도, 동시에 새로운 형태의 미적 경험을 가능하게 한다고 지적했다. 이 맥락에서 AI 사운드는 전통적 '아우라'를 약화시킬 수 있지만, 청취자에게 새로운 감각적 체험을 제공한다는 점에서 또 다른 예술적 가능성을 품는다. 듀이(Dewey) 역시 《경험으로서의 예술》에서 예술의 가치는 창작자의 의도가 아니라 수용자의 체험의 질에 달려 있다고 주장했다. 이는 음악의 진정성이 인간 작곡 여부보다는 청취자가 느끼는 감동과 의미에 의해 결정될 수 있음을 시사한다.

이러한 최근의 관점은 실제 현장에도 반영되고 있다. 그래미 어워즈는 2023년부터 '의미 있는 인간 기여'가 포함된 경우에 한해 AI 협업 작품을 수상 자격에 포함시켰으며, 네덜란드 AMRO 페스티벌은 'Human+AI' 카테고리를 신설하여 인간과 AI의 협업을 예술적 실천으로 평가했다.

역사적으로 새로운 기술은 늘 예술의 방식을 변화시켜 왔다. 녹음 기술의 도입 당시 '공연 예술의 종말'이 예견되었지만, 실제로는 서로 다른 예술 형태로 공존하며 확장된 바 있다. 이와 마찬가지로 AI 음악도 단순한 대체가 아니라 보완을 통해 새로운 창작의 국면을 열어갈 가능성이 크다(김형균 · 이상희, 2024).

그러나 기술 진보가 가장 극적으로 체감되는 순간은 인간의 목소리를 다룰 때다. AI는 이제 고인의 목소리를 복원하고, 사라진 음성을 재구성한다. 윤동주 시인의 육성 복원이나 김광석의 음성 재현 같은 시도는 기술이 단순한 음향 합성을 넘어 기억과 추모의 영역으로 확장되었음을 보여 준다. 목소리는 단순한 음파가 아니라 한 사람의 정체성이며, 존재의 흔적이다. 따라서 이를 복원한다는 것은 기술적 완성도 이전에, 그 사람의 존엄과 유족의 감정, 그리고 사회적 합의를 필요로 하는 윤리적 행위다. 사운드 디자이너는 여기서 단순한 기술자가 아니라, 기억의 매개자이자 윤리적 판단자로서의 책임을 지게 된다. 기술은 가능성을 열지만, 그 가능성을 어떻게 인간의 존엄 속에서 실현할 것인가는 창작자의 몫이다.

결국 AI는 수많은 가능성을 열어주는 도구일 뿐이며,

사운드의 의미와 가치를 최종적으로 결정하는 것은 여전히 인간이다. 사운드 디자이너의 역할은 기술을 무조건적으로 받아들이거나 배척하는 것이 아니라, 장르적 특성과 예술적 맥락을 반영해 균형 잡힌 선택을 하는 데 있다. 앞으로의 과제는 명확하다. 우리가 만드는 소리가 단순한 데이터가 아닌, 청중의 마음을 움직이고 삶에 스며드는 경험이 되도록 책임지는 것이다. 그 책임이 바로 사운드 디자이너의 존재 이유다.

참고문헌

강주현·신지혜(2024). "생성형 인공지능 관련 해외대학교 가이드라인 사례 분석을 통한 교원양성기관 음악 교사 교육 제언 방안". 《인간행동과 음악연구》, 21(3), 91~112쪽.

김형균·이상희(2024). "인공지능 음악의 창의성과 원작성의 측정에 관한 연구". 《창업융합컨설팅연구》, 3(1), 39~46쪽.

박재영 외(2018). "딥러닝을 이용한 음악 추천 시스템(Music Recommendation using Deep Learning)". 《한국지능정보시스템학회 2018 춘계학술대회 논문집》, 3~4쪽.

박재현 외(2019). "SNS 감성분석을 통한 맞춤형 노래 추천 인공지능 스피커". 《한국지능정보시스템학회 2019 춘계학술대회 초록집》, 11~22쪽.

박휴용(2024). "생성형 AI의 등장과 음악 창작 환경의 변화(The Advent of Generative AI and the Transformation of the Music Composition Landscape)". 《미래음악교육연구》,

9(1), 83～114쪽.
이승준 외(2018). “소비자 감성 분석 기반의 음악 추천 알고리즘 개발”. 《지능정보연구》, 24(4), 197～217쪽.
이희준 외(2019). “인공지능 스피커(AI 스피커)에 대한 사용자 인식과 이용 동기 요인 연구”. 《한국콘텐츠학회 논문지》, 19(3), 138～154쪽.
차우진(2024). “AI는 음악 산업을 어떻게 바꿀까?”. 《N콘텐츠》, 32(K-콘텐츠산업의 ‘굿 파트너’ 생성형 AI). https://www.kocca.kr/n_content/kocca_vol32/vol32/01.html
최영신(2024). “생성형 인공지능과 대중음악 산업구조 변화”. 《한국엔터테인먼트산업학회논문지》, 18(9), 129～138쪽.
Théberge, P.(1997). *Any sound you can imagine: Making music/consuming technology*. Wesleyan University Press.
Egermann, H. et al.(2013). Probabilistic models of expectation violation predict psychophysiological emotional responses to live concert music. *Cognitive Affective & Behavioral Neuroscience 13*(3), pp.533～553.
IRCAM.(2023). Axes de recherche. https://www.ircam.fr/recherche/axes-de-recherche/
Stanford CCRMA. (2024). Research overview. https://ccrma.stanford.edu/research
Yang, L. et al.(2023). Diffusion Models: A Comprehensive Survey of Methods and Applications. *ACM Computing Surveys, 56(4)*, 1～39.
ZKM, 2025. (2025). https://zkm.de/ https://zkm.de/en/about-the-zkm/organization/hertz-lab

박남예

사운드 디자인과 작곡을 기반으로, 기술·예술·교육을 아우르는 학제적 연구를 해 왔다. 추계예술대에서 작곡을 전공하고, 성신여대 교육대학원에서 음악교육 석사와 이화여대 실용음악대학원에서 음악공학 석사를 취득했다. 이후 동국대 영상대학원에서 사운드 디자인 박사과정을 수료하며 현장의 언어를 이론적 틀로 체계화하였고, 추계예술대 대학원에서 사운드 디자인 제작 과정을 주제로 예술경영 박사학위를 받으며 학문적 기반을 확장하였다.

장편영화 사운드 디자인 실무 경험을 바탕으로, "자전적 영화에서 내면 의식을 나타내는 사운드 디자인 기법 연구"(2021), "영화의 의식의 흐름 기법과 사운드 디자인의 양상"(2021), "사적(私的) 영화에 나타난 사운드 디자인의 특성 연구"(2019), "예술경영 측면의 영화 사운드 고찰"(2021) 등 다수의 연구를 통해 이론적 논의를 심화시켰다. 또한 "영화 사운드 디자인에서 가상악기 활용 사례 연구"(2019), "VR 공간의 사운드 디자인 발전 방향 탐색 연구"(2023), "AI 사운드 생성 기술의 감정 기반 모델 분석과 사운드 디자인 응용 연구"(2025) 등을 통해 기술적 도구와 예술적 맥락의 융합 가능성을 탐구하고 있다. 현재는 안양대학교 교양대학에 재직하며 교육 현장을 기반으로 연구를 이어가고 있다.